Und Gott antwortet doch …

Meiner Familie und meinen Freunden.
Als Dank für ihre liebevolle Unterstützung.

Marianne Schock

Und Gott antwortet

doch …

Ein Interview mit dem Himmel

© 2005 Marianne Schock
Herstellung und Verlag: Books on Demand GmbH, Norderstedt
ISBN 3-8334-2217-3
E-Mail: MarianneSchock@web.de

Inhalt

Vorwort

Mein Leben war ein Hindernisrennen, bevor Gott es freundlichst in seine Hände nahm. Nicht, daß es an Konzepten oder Durchhaltevermögen gefehlt hätte. Nein, der Grund waren festgefügte Denkweisen, die mich immer wieder an das gleiche Ergebnis kommen ließen. Mein Eigensinn blieb nie ohne Folgen.

Zunächst war ich mir dessen nicht bewußt, sondern pflegte meine Individualität, wie ich es nannte. Der Wurm saß tief im Holz und es machten sich erste Schäden bemerkbar.
Nach einem persönlichen Soll/Ist-Vergleich befand sich meine Laune auf dem Tiefpunkt. Momente des Zweifels kamen auf und langsam formte sich in mir die Bereitschaft zur Änderung. Ich dachte zunächst einmal daran, rein körperliche Maßnahmen herbeizuführen.

Die Nächte – so stellte ich bald fest – wurden anders. Ich wachte auf mit klaren Entscheidungen bezüglich meiner künftigen Lebensumstände. Merkwürdige Veränderungen gingen in mir vor. So hatte ich beispielsweise an einem solchen Morgen die Idee, mir ein Buch über moderne Radiästhesie zu besorgen, um damit Krankheiten auspendeln zu lernen. Ich befand, daß ich mir selbst am nächsten war und forschte in eigener Sache.

Es klappte prima! Ich lernte, welche Speisen für mich gut waren und welche ich meiden sollte, bis – ja, bis plötzlich von einem Augenblick zum andern eine offensichtlich hohe Intelligenz mir das Steuer aus der Hand nahm: Von diesem Moment an wurden MIR Fragen gestellt, die ich nur schwer beantworten konnte.

Völlig überrascht versuchte ich, der neuen Situation gerecht zu werden und bemühte mich redlich um Antwort. Bis meine innere Spannung so groß wurde, daß ich mit meiner alles verändernden Frage herausplatzte: „WER BIST DU?"

Die Antwort kam postwendend und veränderte mein Leben von Grund auf: „ICH BIN DER HERR, DEIN GOTT, UND ICH WERDE BEI DIR BLEIBEN ALLE TAGE, BIS DU VOR MIR STEHST." Danach war Stille. Ich hatte meine Fassung verloren!

Wieder bemühte ich mich klarzukommen; aber rückblickend weiß ich längst, daß ich damals schon entschlossen war, mein Schicksal in SEINE Hände zu legen.

Ein langer Prozeß von Frage und Antwort begann und brachte mich auf immer neue Bewußtseinsstufen. Ein mühsamer, langer Weg, der besonders durch meine Eitelkeit und die gänzlich fehlende Demut so schwer wurde. Dennoch: immer wieder kam ein neuer Morgen, neues Erkennen und ein Wandern in den Welten, das zur Grundlage meines Daseins wurde.

Ich liebe Gott für seine Hilfe, die er mir gegeben hat, mehr als je zuvor. Ich habe angefangen, ihm mit Hingabe zu dienen. „Hingabe" heißt in diesem Fall: meinen Willen dem seinen gleichzumachen. Erneut ein schwieriger Weg; dennoch gehe ich ihn mit der Zuversicht, daß eine neue Zeit begonnen hat, in der uns die feinstoffliche Welt immer näher kommt und wir uns schließlich mit ihr verbinden werden, sobald unser kollektives Bewußtsein angehoben ist.

Wohin gehen wir also? Ich habe Antwort darauf erhalten und mache sie Ihnen mit diesem Buch zugänglich.

Wenn es Ihnen Freude macht, dann wandern Sie mit mir nun ein Stück hinein in unsere spannende Zukunft, die offenbar schon längst begonnen hat ...

1. Bist du bereit?

Du fühlst es selbst, Marianne: Deine Geduld steht auf dem Prüfstand. Vieles geht dir durch den Kopf. Du versuchst zu werten oder entwerten, nach jeweiligem Erkennen.

Wie Rädchen in einer Maschine dreht sich dein Denken um Beschaffung und Erhalt deiner äußeren Existenz. Zuweilen „frißt" sich eins dieser Rädchen. Dann gehst du daran, die mechanische Blockade zu lösen und startest den Verarbeitungsprozeß neu. Immer in der Hoffnung, brauchbare Ergebnisse mit handfesten Resultaten zu erzielen. Dabei befindest du dich in einem Auf und Ab der Gefühle.

„Nun", sagst du, „was ist falsch daran? Was bleibt mir anderes übrig? Du sagst mir ja nicht, welchen Schritt ich als nächstes tun soll oder auch lassen. Das bestimmt schließlich mein Denken."

Und Ich möchte dir dazu folgendes sagen: Es gibt sehr wohl einen Unterschied zwischen Menschen, die Mir im Herzen zugetan sind, und solchen, die sich nicht oder wenig um Mich kümmern.

Siehst du, Ich vervielfältige dein Denken. „Vervielfältigen" heißt in diesem Fall: Alle reifen, wertvollen Gedanken vermehre Ich in dir ins Unendliche.

Nimm den biologischen Vorgang der Zellteilung: Vom Moment der Befruchtung an beginnt Wachstum. Im Gegensatz zum biologischen Wachstum jedoch endet das geistige Wachstum nie: ein fortwährender Prozeß von Erneuerung und Substanzgewinn.

Was also fürchtest du?

Suche zuallererst die *Freude* an den Dingen. Wähle danach aus, was dich Mir näher bringt. Quäle dich nicht in Tätigkeiten, die du nicht mit dem Herzen tust. So viel Leid und Krankheit entsteht in euch genau dadurch!

Wähle die Freude am Tun. Und um alles Weitere mache dir keine Sorgen. Ich übernehme alles, Ich führe es zum Ziel. Ich will dich froh sehen und zufrieden mit deinem Leben!

Geht das endlich ein in deinen „eigenen" Sinn?
Beschwere dich nicht mehr über neue Falten in deinem Gesicht. Ich brauche keine Kummerfalten von dir. Dein fröhliches Lächeln dagegen ist ein Geschenk an diese Welt.

In diesem Sinne: ein frohes Umdenken!

2. Ihr habt die Wahl

Du gestehst Mir doch zu, noch ein wenig an diesem Thema zu arbeiten? Ich fühle bei all deinen Fragen eine gewisse Zurückhaltung.

„Letztendlich", sagst du, „wissen wir Menschen nicht, was Du mit uns im Einzelnen vorhast. Wir entscheiden uns also für etwas, das uns Freude machen würde, und Du befindest anders darüber. Unser Entschluß könnte ja möglicherweise nicht mit unserem Lebenskonzept übereinstimmen."

Danach bist du wieder verunsichert. Noch einmal – zwei Dinge sind wichtig: *Euer Weg zu Mir – in Freude!* Erkennst du, was Ich meine?

Wenn Ich euer Ziel bin, führen alle Wege auch zu Mir. Nur habt ihr dann immer noch die Wahl, welchen Weg ihr wählt: Über Leid und Kümmernisse, Verzicht und Rücknahme eurer Wünsche – oder aber einen Weg, den ihr stark und voller Freude selbstbewußt geht.

Daran gibt es nichts zu rütteln. Hinterfrage nicht mehr. Ich nehme kein Wort davon zurück, du kleiner Zweifler.

Erinnerst du dich an deinen Traum? Aus eigener Kraft hast du dich aus dem reißenden Fluß gezogen. Das Grasbüschel aber, an dem du dich festhalten und retten konntest, das habe *Ich* für dich bereitgestellt!

3. „Du bist gebenedeit unter den Frauen"

Über diesen Satz möchte Ich heute zu dir sprechen.

Eine Fülle von Segnungen liegt in euch Frauen. Ihr habt Zugang zu nahezu allem – auf der äußeren, wie auch der geistigen Ebene. Eure Wünsche stimmen damit überein:

Ihr begehrt Männer – Ich begehre euch.
Ihr liebt eure Kinder – Ich liebe euch.
Ihr festigt euer Denken im Tun – Ich stärke euch dazu.
Ihr bereitet eure Familien darauf vor, daß es noch mehr als diese äußere, materielle Welt gibt – Ich halte euch immer wieder den Spiegel vor Augen, damit ihr erkennt, wer ihr in Wirklichkeit seid. Ihr stöhnt nicht unter der Last, die euch oft aufgebürdet wird – Ich trage euer Kreuz!

Ermüde Ich dich? Ich könnte seitenlang fortfahren mit dieser Allegorie und möchte doch nur eines damit bezwecken: dir klarmachen, welche Bedeutung ihr Frauen für den Fortbestand und die Weiterentwicklung dieses Planeten Erde habt.

Du hast bereits erkannt, daß den Männern das Trennende eigen ist, weit mehr als euch Frauen. Und du erkennst auch, wie oft ihre Freude am „Zerlegen" ganze Völker und Nationen spaltet. Dann harre Ich aus und warte auf Einsichten.

Und diese Zeitspanne überbrückt ihr Frauen. Denn euer Weg führt in die Einheit von Gedanken und Gefühlen, die Harmonie von Gemeinschaften und zur Akzeptanz einer höheren Ordnung. Obendrein verbindet ihr das Denken eurer Kinder, indem ihr Zugehörigkeiten und familiäre Bindungen schafft – eine Grundvoraussetzung zum Wachstum in Meiner Ordnung.

Und nun zum Anfang unseres Gesprächs: Es gibt Frauen, die in besonderer Weise gesegnet sind. Sie erfüllen besondere Aufgaben. Meine irdische Mutter Maria, die den Segen in diese Welt gebracht hat, und viele andere, die gerade jetzt und heute diesen Planeten vor den schlimmsten Auswirkungen eurer menschlichen Handlungen bewahren.

Sie bewegen und verändern – vor allem Meine Geduld mit dem menschlichen Geschlecht – und greifen aktiv (!) in Meine Schöpfung ein, damit Ich ihr zu Hilfe kommen kann.

Deine Freude daran ist groß und deine Ernte reichhaltig.

4. Blühende Landschaften

Ja, meine Liebe, du arbeitest geistig. Diese Feststellung stimmt. Meine Äcker werden bearbeitet mit einem Pflug, der aus Einsichten und Liebe geschmiedet ist und tiefe Furchen in die Seelen der Menschen gräbt. Und wenn ihr dann kommt und mit euren Worten und Taten eine gute Saat auswerft, entstehen wirklich blühende Landschaften.

Was in der Politik zuweilen mißrät, gelingt in geistiger Weise in feinster Form. Ich gebe auch zu allem „Meinen Senf" dazu. Das bedeutet Würze, nicht bitteren Nachgeschmack!

Auch hier tun sich die Führer eurer menschlichen Gemeinschaften zuweilen recht hervor. Sie nutzen die scheinbare Wehrlosigkeit des Volkes, um ihre ganz persönlichen Interessen ins Trockene zu bringen.

Gewiß leben viele davon, ihren selbstgesteckten Ansprüchen gerecht zu werden. Aber zuweilen frage Ich Mich schon, wer denn das Maß für ihre Richtlinien setzt. Ich war es selten.

Große politische Gemeinschaften – welcher Couleur auch immer – finden sich hinter der äußeren Fassade zusammen, um ihre ureigensten Ziele festzusetzen und auch vehement zu verfolgen.

Draußen auf der politischen Bühne geht derweil ein Spektakel ab, daß dem Zuschauer das Hören und Sehen vergeht.

Und bei jedem neuen Akt öffnet sich euer Geldbeutel. Einmal bezahlter Eintritt ist längst überholt. Je länger ihr in diesem Theater sitzt, um so ärmer werdet ihr.

Derweil die Darsteller ungerührt ihre eigenen Einnahmen zählen und verteilen.

Und dies ist genau Mein Stichwort: Die Verteilung! Ihr glaubt, dafür gäbe es Gesetze. Weit gefehlt!

Diese bilden wohl einen gewissen Rahmen, der de facto jedoch nur die Funktion hat, das ganze Gebilde nicht augenblicklich in sich einstürzen zu lassen.

Davon haben eure Politiker immer geträumt: Ein so weitreichendes Chaos, daß darin die Narrenfreiheit herrscht. Es ist gelungen!

Dazu ein Volk, das seine äußeren Interessen weit über die geistigen Bedürfnisse stellt und damit eine leichte Beute ist für alle Trugmanöver.

Erinnere dich an deinen Traum, als das mit Männern und Frauen vollbesetzte Ruderboot unter deren lautem Gesang mit kräftigen Ruderschlägen in die Tiefe verschwand.

So verschwinden Völker, die Mich – ihren Herrn und Gott – aus den Augen verloren haben!

Was ist zu tun? Ich gebe einen Rat, sozusagen der letzten Stunde: Begreift, wer ihr seid: die abgesandten Geschöpfe Gottes, die einzig und allein auf diese Erde gekommen sind, um ihren göttlichen Ursprung zu erfahren.

Besinnt euch zunächst wieder auf Meine Gebote. Sie sind in eurer Lage so etwas wie Rettungsschwimmreifen. Ihr könnt euch damit zumindest über Wasser halten.

Dann werde Ich kommen und eingreifen, die Schiffbrüchigen einsammeln und retten. Ihr werdet auch dann noch auf Mein Erbarmen angewiesen sein, denn ihr habt ja eure Transportmittel versenkt in einem Meer des Unglaubens.

Geht das ein in euer Denken? Ich, euer liebender Gott, stehe am Ufer und strecke euch liebevoll Meine Hände entgegen, an denen der große Teil achtlos vorüberzieht – strikt die eigenen, kleinen und vergänglichen Ziele im Kopf habend.

Nun, Ich bin kein Rachegott. Ich stehe lediglich da und betrachte euer Tun. Legt ihr Mir liebevolles Handeln und Denken in Meine Hände, so kann Ich etwas für euch tun. Nur so läuft es.

Und ihr Politiker seid gewarnt, gewarnt vor eurem eigenen Tun, denn die Spitze der von euch selbstgewählten Machtinstrumente wird sich sehr bald gegen euch richten und eure Bedrängnis wird groß sein.

Ich helfe auch dann noch. Aber seid gewarnt, denn eure Haushaltsverschuldung bei Mir ist noch weit größer als die irdische. Und das will was heißen …

5. Ich beneide dich nicht ...

Du hast Zweifel an Meinen Worten, an den Menschen ... Du denkst, die Fülle des Lebens wäre an dir vorbeigegangen. Sie hätte dich sozusagen nur kurz gestreift in deinem jetzigen Dasein. Und das könnte es doch wohl nicht gewesen sein? Ich stimme dir zu.

Du rechnest kaum noch mit irdischen Freuden, nicht wahr? Der Weg zu Mir scheint gepflastert mit Steinen und Hindernissen aller Art. Und doch hoffst du auf einen Durchbruch!

Ich gebe es dir hiermit schwarz auf weiß: Dieses Buch wird gelesen. Viele werden daraus neue Kraft schöpfen und ihr Leben neu gestalten. Ein Hauch von Frühling durchzieht wieder dein Gemüt ... Gut so.

Ich möchte dir jetzt erklären, wie Zweifel in euch Menschen wirken:

Zuerst ist es meist nur ein Gedanke, eine Frage vielleicht. Danach wird die fehlende Übereinstimmung zwischen euren Vorstellungen und den sogenannten Fakten herausgefunden und betrachtet. Dabei fällt euch meist auf, daß ihr diese Diskrepanz ja eigentlich schon viel länger erkannt und nur nicht wahrhaben wolltet. An dieser Stelle wäre noch Umkehr möglich. Ihr aber geht weiter auf dem einmal eingeschlagenen Weg:

Jetzt kommen die Gedanken der Enttäuschung, dann häufig jene der Bitterkeit. Damit verschließen sich nun endgültig alle Türen zu euren Einsichten. Ihr habt fertig gedacht. Zweifel perfekt. Neue Gedanken zu eurem Problem nicht mehr erwünscht!

Welcher Engel vom Himmel könnte euch da noch helfen? Ihr habt es euch ja bei der Meinungsbildung schließlich nicht leicht gemacht! Woher käme sonst euer Kummer...?

Wenn ihr fühlt, an diesem Punkt zu sein, dann bindet für einen Augenblick euer Denken. Erlaubt euch einen Moment der Einwirkung Meinerseits und ihr habt – je länger je mehr – die Tore eurer Einsichten wieder geöffnet. Dann fließen neu Meine göttlichen Kräfte in euch und beginnen, in euren Gedanken die Spreu vom Weizen zu trennen.

Klingt scheinbar nach nicht viel, nicht wahr? Aber Ich versichere dir, die Wirkung ist phantastisch!

6. Du wirst dich noch wundern

Du gehst nicht gut um mit deinen Einsichten. Was mache Ich nur falsch mit dir?

Alles, was euch bewegt, ist gut. Denn, wo Bewegung ist, kann ein Fluß entstehen.

Was hältst du davon, noch einmal neu zu beginnen mit Mir, deinem himmlischen Vater? Nicht von vorne, nur neu!

Ein Wegweiser dazu wäre die Konformität. Nicht Gleichmaß im Sinne von alten Denkweisen. Davon hat eure Kultur genug. Ein neues Maß – Mein Maß.

Du forscht nach äußeren Erfolgen? Du bist gewachsen, Mein Kind! Mit deiner irdischen Geburt war der Same in die Erde gelegt. Er ist aufgegangen. Über die junge Pflanze hinweg, hat er sich zu einem großen, stattlichen Gewächs entwickelt, das mehr und mehr Früchte zeigt; Schutz und Geborgenheit bietet für andere Meiner Gewächse; Samen bringt für solche deiner Art.

Du fragst, warum so viele deiner äußeren Bemühungen nicht zum Erfolg geführt haben? Nun, darauf gibt es nur eine Antwort: Hätte man die Pflanze geschnitten, bevor sie ihre Reife erlangt hat, was wäre aus ihr geworden?

Schau doch hinein in eure Öffentlichkeit: Wie oft werden Menschen nur benützt? Bringen sie Geld, fein. Läßt ihr materieller Erfolg nach, verschwinden sie ganz schnell in der Versenkung.

Fragt auch nur einer der dafür Verantwortlichen, ob diesen Menschen vielleicht Schaden zugefügt wurde? Darauf kannst du wohl lange warten.

Ihr Eltern wißt genau, wie schwer es oft ist, euren Kindern Wünsche abzuschlagen, die sie mit großer Intensität vorbringen. Aber immer wieder bewegt euch euer Weitblick und eure Erfahrung, vor allem aber eure Liebe zu euren Kindern, eben jenen Wünschen nicht nachzukommen. Ihr habt sie damit vor Nachteil bewahrt. Genau so verfahre Ich mit euch.

Weiter sagst du, daß „negative", d.h. für dich unerwünschte Vorhersagen mit Sicherheit einträfen; die „angenehmen" Ankündigungen dagegen nach wie vor auf sich warten ließen.

Und noch einmal: Was ist „angenehm"? Zur unrechten Zeit Eintreffendes (auch das Angenehme, Erwünschte) kann durchaus zu unangenehmen Erscheinungen führen. Wieder sage Ich dir: Vertraue auf Meine Liebe, Mein Maß!

Und nun nimm deinen Kopf wieder hoch – mit Vertrauen – und du wirst dich noch wundern!

7. Fasse es, wer kann

„Mein Wort gilt – für immer und ewig!" Nahezu alle Menschen haben damit ihr Problem.

Mein Wort ist die Essenz allen Seins, das Alpha und Omega. Das allein ist schon nicht verständlich zu machen.

Eure Bewußtsein nehmen gerade so viel „Wissen" mit in eure irdische Seinsform, daß ihr im Rahmen eurer äußeren Verhältnisse dazulernen und mit eurer Geist-Seele-Existenz mehr oder weniger bewußt kommuniziert.

Immer mehr von euch „erwachen in Gott" und dehnen daher ihre Bewußtsein ständig weiter aus – zu Mir hin. So findet Mein Wort Gehör und damit immer mehr Eingang in euer Denken.

Ein Reifeprozeß für die Menschheit hat begonnen. Vergleichbar den Aktivitäten der Natur im Frühling, wo nach hartem, kalten Winter die Erde aufbricht und neues, zartes Grün sich den Weg bahnt – allen Hindernissen zum Trotz.

Es ist Mir daran gelegen, euch Mut zu machen für diesen Prozeß. Dieser „Frühling" ist wichtig für die Menschheit. Er ist nicht einfach reproduzierbar. Die Saat, die aufgeht, wird zum neuen Menschengeschlecht. Was kümmert, wird nicht mehr gebraucht.

Denn Mein Wort *gilt*: Je mehr von euch sich besinnen, um so mehr haben Anteil an Meiner neuen Ordnung, die schneller als ihr ahnen könnt (und wollt) greifbar wird.

Es gelten dann nur noch Meine, die göttlichen Gesetze!

Auf diese neue Zeit werde Ich später noch einmal eingehen.

Für immer und ewig. Wie könntet ihr auch nur ahnen, welche Reichweiten damit verbunden sind …

Für viele von euch steht es doch von vornherein fest: ein Durchschnittsleben von etwa 75 Jahren – und das war's dann.

Woher nehmen jene nur die Ruhe, alle sichtbaren Zeichen des sich ewig erneuernden Lebens so penetrant zu ignorieren?

Gibt es irgend etwas, das vergeht in Meiner Schöpfung und dabei keine sichtbaren Spuren hinterläßt? Spuren, die bei genauer Betrachtung erneut in Lebenszyklen eingebaut und weiterhin erkennbar wirksam sind?

Ich sehe euch eure gelehrten Köpfe schütteln und eifrig nach Gegenbeispielen suchen. Aber Ich warne euch: Ich sagte *bei genauer Betrachtung.*

Ich frage euch: Welches Volumen faßt ein 1-Liter-Maßbecher? Was würde geschehen, wenn Ich den Ozean darin einfüllen wollte? Ich sage euch: Die Besten von euch haben nicht den Hauch einer Ahnung, Meine ewigen Reichweiten betreffend!

Nun gut, Ich lasse euch weiter forschen. Wollt ihr dann mit eurem Becher das Weltall ausschöpfen?

Und seht ihr, wieder mißrät eure Antwort. Denn eure bisherigen Erkenntnisse das „All" betreffend, entsprechen (und Ich bin großzügig) einem ersten Schritt vor die Haustür bei der Erforschung der Welt.

Greift liebevoll nach Meiner Hand und ihr geht – sozusagen als Nebenprodukt anfallend – mit Riesenschritten erkennend durch Meine Schöpfung!

Fasse es, wer kann.

8. Anhebung

Heute möchte Ich mit dir über Gelassenheit reden. Diese Eigenschaft spricht dich sehr an. Zu Recht, meine Ich.

In diesem Wort steckt das *Gehenlassen*.

Flüsse streben dem Meer zu. Die Landschaften, durch die sie fließen, lassen sie gehen. Was geschieht, wenn Landschaften Flußläufe behindern? Richtig, die Flüsse laufen über und überschwemmen das Gebiet. Dabei ist es unerheblich, ob es sich um einen schönen Abschnitt oder einen weniger reichgestalteten Bereich handelt. Wichtig ist nur, daß sich der Fluß kontinuierlich seinem Ziel entgegen bewegt.

Ich deute damit an, daß Gelassenheit ein Ausdruck von Übereinstimmung mit seinem Schicksal ist. Das bedeutet keinesfalls Apathie. Ganz und gar nicht. Der apathische Mensch resigniert – der Gelassene agiert.

Du bist eigentlich meistens gelassen. Außer – ja, außer du bist gerade ein Dickkopf. Dann stellst du deine eigenen Pläne vor die Meinen und wunderst dich auch noch, wenn daraufhin deine Zielsicherheit verlorengeht. Ich wundere Mich nicht. Denn wieder einmal ist die Antwort ganz einfach:
Solange Ich das Ziel deiner Gedanken bin, fügt sich alles Geschehen nahtlos ein. Auch, wenn's nicht so aussehen sollte. Du erkennst dann lediglich nicht.

Erinnerst du dich an das Beispiel der Teppichweber in Indien, das dich so sehr beeindruckt hat?
Sie weben ihre Teppiche von der Rückseite her mit all dem

scheinbaren Chaos, das der Rückseite eines Teppichs eigen ist. Am Ende ihrer Arbeit drehen die Weber ihr Werk um und erkennen das perfekte Muster.

Du hast vom ersten Moment erkannt, welche Kraft in diesem Beispiel steckt:
Das Weben von der Rückseite her entspricht eurem irdischen Dasein. Ihr bindet euer Denken im Glauben und webt nach Meiner Maßgabe, ohne alle Sicherheit. Und endet euer Leben, drehe Ich den Teppich für euch um und ihr staunt!

So war es bisher. Von nun an will Ich es anders: Während ihr webt, sollt ihr bereits das feine Muster erkennen! Das ist möglich.
Denn Ich werde eure Sinne verfeinern, sie durchlässig machen. Sie gehören dann wieder Mir. Es entsteht eine Sogwirkung: Ich ziehe euer Denken an Mich, befreie es von alten Schlacken und reinige es.

Danach entwickeln sich Ströme von Gnaden. Ihr werdet leichter im Denken und Fühlen; euer Handeln wird gleichgerichtet. Die Einwirkung der Erde auf euch – ihre Anziehung – wird geringer, die kosmischen Energien wirken entsprechend stärker.

Anhebung nennt man das. Ich freue Mich darauf.

9. Lektionen

Nicht nur deine Worte sind gesegnet, Mein Kind, auch deine Taten. Wie soll Ich dir das erklären?

Wenn das Denken eines Menschen sich immer mehr verfeinert, seine Sinne empfindsamer werden, er diesem Denken dann immer mehr Ausdruck verleiht, damit sozusagen *unter die Leute geht* – dann wandelt er dadurch auch ganz langsam sein Umfeld. Er beeinflußt es.

Eine Quelle findet sich, kommt zur Oberfläche und gibt lebenspendendes Wasser an den trockenen Boden ab. Damit beginnt Wachstum aller Art.
Weil du *sprudelst*, also Meine Worte unter die Menschen bringst, beginnt vieles zu wachsen. Und natürlich sollst du selbst auch ernten! Was wäre Ich für ein Gott, ließe Ich die Quelle achtlos versiegen?

Wie du arbeiten viele für Mich und es werden täglich mehr. Ein jeder, der nur Meinen Namen liebevoll ausspricht, wird bereits zu einer Quelle. So wird der karge Erdboden immer mehr bewässert, und es entsteht neues Leben und neue Freude.

Womit wir wieder beim Thema wären: Willst du dieses Buch im Akkord schreiben, oder findest du dazwischen noch Momente für ein Lächeln?

Deine Familie hilft dir in äußerer Weise. Was bringt dich so aus der Fassung?
Ich will es so haben. Ich sage dir Meine Vision dazu (und wieder einmal *Mein Wort gilt*): Ihr Menschen sollt eine große

Familie werden. Ihr sollt einander dienen, helfen, unter die Arme greifen, wo ihr nur könnt.

Du schämst dich, weil du nimmst? Nun, weißt du denn überhaupt, wieviel du gibst?

Nehmen und geben in Demut, das sollst du lernen. Ja, Ich weiß, wie schwer dir das fällt. Es gibt viele deiner Art, die lieber geben als nehmen. Das macht groß, nicht wahr?

Jammere nicht mehr. Lektionen sind das. Nichts weiter. Finde dich damit ab!

10. Notbauten

Es läuft alles wie geplant. Ein Satz, der euch Menschen gut gefällt. Laufen soll's und euren Plänen entsprechen, nicht wahr? Dann ist alles im grünen Bereich, wie ihr sagt. Ich käme da zu anderen Schlüssen!

Fertigstellung ist Mein Gedanke. Baut einer ein Haus, ist sein wichtigstes Ziel jene Fertigstellung.

Fundament und Dach sind zwei bedeutende Abschnitte beim Hausbau.
Ist das Fundament solide, kann der Aufbau zügig erfolgen. Die Stockwerke wachsen und man kann den Charakter des Gebäudes unschwer erkennen. Dann das Dach. Ohne Dach kein Haus! Wer wollte da widersprechen? Meint man.

Hauptsache „Fläche" sagen viele und wandern geschäftig zwischen ihren Mauern hin und her. Sie schauen einfach nicht mehr nach oben, sondern kümmern sich emsig und mit aller Hingabe um die Details – derweil der Rohbau ein Rohbau bleibt. Ich kann Mich da nur wundern!

„Letztendlich," sagen jene, „ist es doch egal. Wir wissen ohnehin nicht, wie man solch ein Gebäude zu Ende baut. Also formulieren wir den Kompromiß um zur Zielsetzung. Damit genug."

Ich schaue derweil über die Ränder eurer „Notbauten" und beobachte den Himmel.
Es ist nur eine Frage der Zeit, bis sich schwere Wolken über euch zusammenziehen und euch und euer „Gebäude"

unter Wasser setzen. Waren dann die Wolken schuld an der Misere?

Manch einer besinnt sich dann auf das fehlende Dach; die anderen resignieren oder beginnen wütend zu werden.

Im ersten Fall kann Ich helfen. Jener schaut nach oben und bittet Mich um Hilfe, die er auch erhält; denn Ich bin ein guter Baumeister. Die anderen aber verelenden. Nicht, weil Ich es will, sondern weil sie um nichts in der Welt ihren Kopf heben und bittend ihre Augen auf Mich richten wollen.

Fertigstellung, sage Ich.

11. Der Feind ist hier

Was hältst du von unserem heutigen Thema *Selbstverteidigung*? Das berührt dich nicht sonderlich, meinst du? Du wirst dich wundern!

Selbstverteidigung ist als Reflex in euch angelegt; sozusagen zum Selbsterhalt.

„Richtig so", sagst du, „die Welt ist rauh". Dabei hast du wohl erkannt, daß in Meinen Himmeln ein solcher Reflex völlig unbekannt ist …

Wie oft warst du unangenehm berührt, wenn sogar die Kleinsten getreten und geboxt haben – üblicherweise mehr die männliche Version. Bei den Mädchen führt oft die Zunge den Kampf – nicht weniger verletzend.
Und diese Spiele behaltet ihr bei; durch die Schulzeit, bis zum Erwachsen werden. Hier kommt noch eine spezielle Variante dazu: das staatlich geforderte Hauen und Stechen – euer Militärdienst!

Oh, wenn Ich denke, welche Gelder euer Militär verschlingt, während um die Ecke Meine Geschöpfe unbeachtet verhungern. Ein Massenwahnsinn!

Du wunderst dich über Meinen Gebrauch dieses Wortes? Nun, Ich halte es mit der Wahrheit. Ein kollektiver Befall der menschlichen Sinne mit einem Wahn, der da heißt: Nur in der augenblicklich verfügbaren Verteidigungsbereitschaft (Schlagkraft!) liegt des Menschen effizienter Schutz!

Gestatte Mir einen menschlichen Ausdruck: Da krümmt es Mich.

Meine Menschenkinder, ihr habt weit und breit den schönsten Planeten von Mir geschenkt bekommen, um euch und eure göttliche Schöpferkraft zu erproben und beständig Mir wieder entgegen zu entwickeln.

Stattdessen zäunt ihr eure Länder ein (ihr zäunt ja mittlerweile alles ein, bis hin zu euern Vorgärten ...) und richtet eure Waffen gegeneinander.

Selbstverständlich vermischt sich der kollektive Wahn und ihr richtet solche Waffen auch innerhalb eurer eigenen Zäune gegeneinander. Im Wahn sind die Grenzen fließend. Leider nur da.

„Nun", sagen da eure neunmalklugen Militärexperten, „wir haben nun mal Feinde. Das ist unbestritten."

„Wohl wahr", sage Ich, „aber wer sind eure Feinde?" Dann beginnen sie wild durcheinander zu deuten, über die Grenzen in alle Himmelsrichtungen. Manch einer deutet sogar „versehentlich" auf seinen Nachbarn und wäre froh, wenn er diesen auch hinter die Grenzen schieben und genüßlich miterschießen könnte.

„Falsch", sage Ich wiederum, „der Feind ist hier: Ihr seid eure ärgsten Feinde. Denn ihr bekämpft euch selbst; tötet euer Selbst*bewußsein*, vergiftet die göttliche Saat in euch und anderen. Das könnte euch nicht einmal euer „schlimmster Feind hinter den Grenzen" antun."

Und wieder kommen einige zur Besinnung. Die anderen aber – der große Teil von ihnen – hebt wütend die Fäuste gegen Mich, Mir drohend, doch lieber diesen ganzen Planeten auszulöschen, als auch nur einen einzigen Erzfeind ungeschoren davonkommen zu lassen.

Ich weiß, Marianne, du denkst anders. Aber wie viele Herzen müssen sich Mir noch entgegenrecken, daß Ich euch durch ein Gegenheer der Liebe wieder grenzenlos, frei und einig machen kann?

12. Und immer wieder Demut

Du sagst, du magst den Schnee nicht mehr da draußen; er würde dich nerven. Du hättest jetzt gerne wieder alles grün, hell und warm. Ich verstehe.

Nur, warum gerade jetzt so dringend? Gibt es vielleicht noch andere Gründe als nur das Ende eines langen Winters?

„Der allein hätte schon gereicht", antwortest du. Aber Ich meine, es gibt da in der Tat noch etwas anderes:

Ich hefte Mich an deine Fersen. So sagt man, wenn man jemanden nicht mehr aus den Augen lassen will und ihm folgt. Ich gebe es uneingeschränkt zu: Du willst ins Licht. Wenn du mit Mir darüber sprichst, redest du von der „Direttissima", dem direkten Weg in Mein Herz – ohne Umweg.

Und ohne Umschweife sage Ich dir jetzt: Das hoffst du nur. Dickkopf, der du nun einmal bist, setzt du öfter deine Schritte neben diesen Weg und experimentierst ein wenig.

Könnte es sein, es fehlt wieder einmal an Demut? Du liebst diese Eigenschaft nicht, auch wenn du erkennst, wie notwendig sie allein für das Zusammenleben der Menschen untereinander ist. Immer noch fürchtest du, jene Demut könnte dich „ausheben", wie du es nennst.

Wie oft hast du Mir nun schon dein Lied vorgesungen, daß du in Eigenregie besser für dich gesorgt hättest als nun, da Ich deine Führung übernommen habe. Wieder einmal irrst du.

Oh ja, du bist früher recht munter über deine Wege gesprungen; hie und da deine kleinen, beschränkten Grenzen auslotend, um sie zu verschieben.

Nur, was geschieht denn, wenn im gleichen Raum die gleichen Möbel immer wieder hin und her verschoben werden? Wirkliche Veränderung? Da kann Ich nur milde lächeln, Mein Kind.

Ich sage dir, was dich wirklich nervt: Deine eigene Sturheit, mit der du immer wieder auf alte Denkweisen bestehst, die dich wie früher stets nur stolpern oder gar stürzen lassen!

Ich stehe derweil draußen auf der Direttissima, während du im Gestrüpp deiner Irrtümer umherforscht, um den Wahrheitsgehalt Meiner Worte an dich zu überprüfen.
Mit Mir kann man's ja machen. Ich bin ja ein geduldiger Gott. Aber jammere Mir nicht vor, wenn du zerkratzt und erschöpft zurückkehrst von deinen Ausflügen ins Dickicht. Ich kann da nichts dafür.

Du weißt, was wirklich Not tut: Meine göttliche Sonne, die liebevoll euer Denken wärmt.

Bitte Mich darum, jetzt gleich – in Demut!

13. Das Herz zieht die Fäden des Verstandes

Wie meinst du das: „Ich sei zu stark für dich"? Das hört sich seltsam an für Meine Ohren. Du triffst des Pudels Kern, wenn du sagst: „Ich weiß, daß Du stark bist für mich".

Ich schenke dir Begabungen und du beginnst sofort, dich zu vergleichen. Natürlich ständig den Blick nach ganz vorne gerichtet in der Leistungsskala und schon befindest du in deiner ganz typischen Art dein sogenanntes Mittelmaß.

Je nach Tagesform reagierst du wütend oder resigniert, mit dem dezenten Hinweis an Mich, daß es ruhig hätte mehr sein dürfen.

Als ob Ich jemals bei eurer Ausstattung mit Begabungen sparen würde! Fakt ist doch wohl, daß ihr – leider nur zu oft – zu blind seid, um zu erkennen, welche Möglichkeiten in einem Menschenkind stecken.

Natürlich gibt es scheinbar geringere Ausstattungen, aber schaut genau hin.

Warum sind eure Sonderschulen so voll? Und täglich werden es mehr, könnte man fast sagen.

Ich beginne mit den Eltern: Betrachtet eure Kinder mit Meinen Augen: Augen der Liebe und Fürsorge, des wertfreien (!) Erkennens und der Sicht „darüber hinaus".

Die Liebe sieht feinste Strukturen der Ausstattung. Die Fürsorge bewahrt euch davor, Anlagen zu ignorieren. Das Erkennen liebt die Hingabe an Meinen göttlichen Willen und damit begreift ihr schon, daß es für jeden Menschen ein gewaltiges Konzept bereits vor seiner Geburt und entsprechend natürlich auch nach seinem Tode gibt.

Und damit komme Ich zu euch Lehrern: Begreift, daß die Fähigkeit zum Lesen, Schreiben und Rechnen nicht der einzige Sinn und Zweck eurer Schulen ist.

Ihr versteift euch allzugerne auf Lehrpläne, die mit der Größe Meines Schöpfungsplanes leider gar nichts am Hut haben. Etwas am Hut haben heißt: zu etwas stehen, sich deutlich sichtbar einsetzen.

Habt wieder Mut, eure Schützlinge zu fördern. Schaut dabei nicht ängstlich oder gar desinteressiert auf eure Lehrpläne. Entwickelt wieder die Courage, die euch anvertrauten Kinder zu bilden – im Herzen und im Kopf.

Und genau in dieser Reihenfolge, Meine Damen und Herren Lehrer!

Wie soll eure Gesellschaft denn aussehen? Noch mehr rücksichtsloser Einsatz des Verstandes, Ausbeutung und Gewinnmaximierung um jeden Preis und immer größer werdende Menschenverachtung in allen Belangen?

Das Herz zieht die Fäden des Verstandes! Läßt man es verkümmern, dann steuert das menschliche Ego den Verstand. Mit obigem Erfolg!

Verlaßt euch nicht mehr auf Vordenker der alten Schule. Nehmt euer Wirken, eure Bildung wieder selbst in die Hand. Greift ruhig nach den Sternen. Legionen von geistigen Helfern und Engeln stehen euch dabei zur Seite – wenn ihr es nur wollt!

14. Freies Unternehmertum?

Du weißt, du kannst immer zu Mir kommen. Ich fühle deine Gedanken. Sie leben in Mir und bringen Mich dazu, dir in ganz bestimmter Weise zu dienen.

„Der Groschen ist gefallen", sagst du manchmal und bittest Mich um weitere Einsichten. Wenn das menschliche Bewußtsein einmal auf den Weg gebracht ist, wird es süchtig nach immer neuen Erkenntnissen. Wie ein Forscher, der über Teilergebnisse stets deutlicher sein Forschungsziel anvisiert.

Ich mache allen Mut auf diesem Weg. Mir ist daran gelegen, eure Neugierde zu wecken und euch immer mehr in Meine Nähe zu bringen. Stets heller werdend in deinem Denken, fühlst du Meine Nähe, hältst inne und wanderst wieder ein Stück mit Mir!

Ich mache es Mir zu Aufgabe, zur Verfügung zu stehen wie ein Vater für seine Kinder oder ein Unternehmer für seine Angestellten. Allerdings blicken nicht alle Unternehmer in Meine Richtung, das ist unschwer zu erkennen. Da fehlen Mir schon manchmal die Worte.

Ich sage euch jetzt, was Ich *nicht* unter einem freien Unternehmertum verstehe:
Der Handel mit Waren und Dienstleistungen im Rahmen einer Gesellschaftsordnung, die sich auf die Einhaltung der Menschenrechte gründet, ist generell in Ordnung. Bestehen jedoch Zweifel daran, daß die Würde des Menschen dabei unangetastet ist, dann verweigere Ich Meine Zustimmung.

„Nun ja", könnte man sagen, „dann eben ohne göttlichen Beistand". Das bedeutet in äußerer Weise nicht unbedingt Erfolglosigkeit. Denn Ich greife nur selten ein in euer Wirken.

Dennoch betrachtet die Früchte von solch würdelosen Unternehmungen:

Den Handel mit Menschen beispielsweise. Er blüht mehr, als ihr ahnen könnt. Ein Meer von Schuld entsteht durch die Verursacher des damit verbundenen unendlichen Leides.

Der Handel mit Frauen und Kindern – mittlerweile an der Tagesordnung – ist markerschütternd. Die Verletzungen dieser Seelen kaum heilbar. Weite Teile eurer Bevölkerung registrieren kaum, was vor sich geht.

Euch Benutzer der angebotenen „Ware" sage Ich dringend: Der Schaden, den ihr an und in euern Opfern erzeugt, zerstört euch selbst.

Gebt euch nicht der Illusion hin, ihr hättet davon nichts bemerkt. Die Wogen aus dem Meer der Schuld erreichen euch und reißen euch dereinst mit sich fort!

Den Händlern und Anbietern aber sage Ich: Mühlsteine hängen an euerem Hals, so schwer, daß ihr im Moment eures irdischen Todes augenblicklich in die schwärzeste Nacht versinkt, so ihr noch immer ohne Reue geblieben seid.

Und wenn ihr glaubt, für diesen Moment schnell ein „Herr, erbarme dich!" bereit zu haben, so muss Ich euch warnen: Eine solche Seele gleicht einem hohlen Skelett. Die Möglichkeiten für euch, noch etwas zu retten, sind entsprechend!

Macht eure Augen auf, laßt dieses Elend unter euch nicht weiter zu! Verweigert die Annahme solcher „Angebote"!

Zieht die Täter zur Rechenschaft! Beendet dieses dunkle Kapitel menschlicher Verirrungen!

Macht euch klar, daß alles Tun und Denken Energien erzeugt, die sich in allen Bereichen eurer Existenz auswirken. Energien von Leid, Kummer und Schmerzen sind eine Last, die euch auf eurem Weg in hellere Zonen aufs Schwerste behindern.

Macht diesem Elend ein Ende!

15. Parallele Welten

Ich stehe zu euch, Tag und Nacht.

Gerade nachts fühlst du manchmal Bedrängnis. Du kennst die Folgen: Verspannungen aller Art. Und stets spürst du, wie notwendig die freie Bahn für neue Gedanken ist.

Du stellst immer wieder in Zweifel, ob es dem Menschen während seiner irdischen Existenz überhaupt gelingen kann, das Auf und Ab – den Sinus, wie du es nennst – in einen gleichmäßigen, gelassenen Fluß der Ereignisse umwandeln zu können.

Deine Zweifel wären berechtigt, kämen euch nicht auf halbem Wege eure Helfer entgegen:

Vor Beginn eurer irdischen Existenz wählt ihr eure Engelshelfer aus, sozusagen ein Begleitpersonal fürs Leben. Sie kennen alle Formen von Hilfe, sei es in äußerer, materieller Art oder aber in Form von geistigen Einwirkungen, mit denen ihr eure Gedanken, euer Erkennen stärkt.

Wenn ihr wollt. Verschlossene Türen – kein Einlaß. Ein Naturgesetz, auf das Ich Wert lege, denn Zwang gibt es bei Mir nicht. In aller Freiwilligkeit verläuft eure Zusammenarbeit mit diesen Helfern.

Schließt ihr sie aus, bewahren sie ihre Möglichkeiten für sich; schließt ihr sie ein, legen sie all ihr Wissen und Können in eure Hände. Liebevoll bereiten sie euern Lebensweg vor und begleiten euch über Hindernisse hinweg.

Ignoriert ihr diese Möglichkeit, dann ist guter Rat teuer. Im wahrsten Sinne. Irrtümer kosten Geld. Ihr wißt das.

Vom Ärger und den Belastungen, die auf das Konto nicht funktionierender Entscheidungen gehen, ganz abgesehen.

Die geistige Verbindung zu euren Führungsengeln ebnet euch die Wege, inwendig und äußerlich. Unterschätzt nichts von beiden. Der Erfolg ist gewiß.

Eine weitere Form der Hilfestellung erhaltet ihr – wiederum so ihr es wollt – von Helfern, die mit eurer irdischen Ebene in besonderer Weise verbunden sind, euren „Toten" zum Beispiel.

Wenn ihr sehen könntet, wie wenig „tot" sie in Wirklichkeit – in Meiner Wirklichkeit – sind, dann würde manchem von euch eine Zentnerlast von der Seele fallen.

Stellt euch ein dicht gewobenes Netz vor: Eine Richtung der Maschen führt aus dem Diesseits ins Jenseits, die andere genau umgekehrt. Ein Miteinander, Nebeneinander und Füreinander. „So ihr es wollt", sage Ich.

Könntet ihr in jener Welt wandern, würdet ihr allen Abstufungen geistiger Entwicklung begegnen:

Den bedauernswert Uneinsichtigen, die unverrückbar an ihrer Dunkelheit festhalten.
Den Lernwilligen, die stets an Freude und hellerem Erkennen dazugewinnen und den Lichtkörpern, die bereits durch Meine Augen schauen und mit Meinem Herzen Meine gewaltige Schöpfung erfassen.

Ein ewig andauernder Prozeß übrigens. Nichts Abgeschlossenes. Unbeschreibliche Möglichkeiten, die euch allein durch die Bereitschaft zur Verbindung gegeben sind.

Für die in der Nacht der Seelen Ausharrenden aber, bittet um Licht und Einsichten.

Ihr seht, es steht alles bereit für ein Leben in Freude!

16. Kreisläufe

Du fühlst dich gut heute, nicht wahr? Erkennst du auch, warum?
Meine Gedanken sind in den deinen. Eine einfache Sache, könnte man meinen. Dennoch ein Kunststück.

Es braucht so viel Veränderung im Bewußtsein eines Menschen, damit Ich freien Weges zu ihm durchdringen kann.

Ihr liebt es – fast ausnahmslos alle – Mir immer wieder eure Argumente vorzutragen. Und seid ihr damit fertig, beginnt ihr gleich wieder von vorne. Das ist die Regel, glaubt Mir. Ein in sich geschlossener Kreislauf.

Du kennst die Strömungsbecken in euren Schwimmbädern? Man begibt sich freiwillig hinein, um dann sofort von der im Kanal herrschenden Strömung mitgetragen zu werden.

Erinnerst du dich noch, wie nahezu chancenlos du warst, als du lediglich anhalten und dich festhalten wolltest? Auf die Idee, sich gegen den Strom zu richten, kommt ohnehin keiner – es wäre auch zwecklos.

Und nun zu Meiner Rolle: Ich stehe aufmerksam am Beckenrand und warte darauf, daß Mich einer bittet, ihm da wieder herauszuhelfen.
Tut er das, zeige Ich ihm den Ausgang – jene Stufen, die wieder aus dem Strömungskanal hinausführen, und gebe ihm die Kraft, sie auch zu benutzen.
In ganz dringenden Fällen hebe Ich den Rufenden an Ort und Stelle hoch, damit er Mir nicht verlorengeht.

Ihr sagt, mit diesem Gleichnis könnt ihr nicht gemeint sein?

Dann prüft einmal jene Themen, die unerledigt sind in euerm Leben; die immer wieder unverdaut hochkommen. Ich bin sicher, ihr habt genügend solcher Beiträge. Dann geht im Geiste eure Argumente durch. Stellt ihr wirklich eine Veränderung fest, im Vergleich zum letzten Mal, als ihr euch damit befaßt habt?

Werft jetzt einen Blick in den Strömungskanal: Ihr könnt euch darin schwimmen sehen! Was in euren Schwimmbädern ein Vergnügen ist, stellt für eure geistige Entwicklung ein großes Hindernis dar.

Ich bitte euch, macht euch diese unverdauten Themen bewußt und übergebt sie Mir, damit Ich euch zum „Ausgang" führen kann. Ihr werdet es nicht bereuen!

17. Weltordnung?

Was tust du denn da?

Du forscht nach Meiner Rechtschaffenheit. Göttliches Erbarmen kennt keine Grenzen und göttliches Erkennen bewirkt immer wieder erneutes Erbarmen.

Du bist verwirrt?

Ich will es dir erklären: Du betrachtest oft die Menschen nach einem recht straffen Muster. Ihre Rechtschaffenheit ist dir wichtig, ihr Verstand, mit dem sie hoffentlich mehr recht als schlecht ihr Leben meistern, und ihre Bereitschaft, der Gemeinschaft zu dienen.

Du hättest schon gerne eine ordentliche Gesellschaft mit nicht all zu vielen ausgefransten Rändern. „Ausgefranst" heißt in deinem Fall: nicht eingegliedert, zu extrem in seiner Art.
Ich weiß, so wäre es einfacher. Aber so wollte Ich es nicht. Es gibt Völker – besonders Naturvölker – die einen bestimmten Aspekt entwickeln; die andern aber – und das sind die meisten – leben aus der Vielfalt. Sie wird zumeist durch die auf der Erde herrschende Polarität gespeist. Ihrer Individualität sind dadurch keine Grenzen mehr gesetzt. Ich kann gut damit leben. Anders dagegen große Teile eurer Gesellschaft.

Täglich kommt eine neue Flut von Richtlinien und Gesetzen unter die Menschen. Was soll das werden? Ein neues Menschengeschlecht nach dem Design von ein paar Selbstberufenen, die glauben, Mir Mein „Schöpfungshandwerk" noch richtig beibringen zu müssen?

Ich sage euch: Ihr habt bald die Nase voll von all den unsinnigen Gängelungen und Vorschriften! Schaut euch nur deren Laufzeit an: Sie wird immer kürzer, nur um dann erneut durch Absonderungen menschlicher Inkompetenz abgelöst zu werden!

Wenn die Mehrheit der Völker fest verschnürt in Zwangsjacken eingepackt sein wird, kommt es zum kollektiven Umbruch. Denn Meine Schöpfung steht jenen selbsternannten Herrschern, die sich die Erde untertan machen wollen, nicht grenzenlos zur Verfügung.

Ich werde eingreifen! Indem Ich euch Einsichtige ergreife und euch bewußt mache, welche Macht euch zur Verfügung steht durch die göttliche Allmacht.

Ja, Ich habe Erbarmen, aber ohne eure Mithilfe – euer Umdenken – kann nur wenig Veränderung geschehen und ihr bleibt um so länger Spielbälle gewissenloser Machtpotentaten.

Viele von euch jammern wegen einer handvoll Gebote, die Ich euch einst gegeben habe und lehnen strikt jede Form solcher „Gängelung" ab. Gleichzeitig aber stolpern sie blind, gefügig und willenlos in die Fallen jener, die ebenfalls – wissentlich – auf die Einhaltung Meiner Gebote verzichten. Denn nur so können Freiheit und die Würde des Menschen bewußt untergraben werden!

Macht und Kapital – ein eineiiger Zwilling, nicht wahr? Ich rate euch:

Macht euch die Mühe und prüft unbeirrt, an welchen Stellen euer Kapital am Ende zusammenfließt, und ihr werdet mühelos die Strukturen eurer „Weltordnung" offenlegen!

18. Notlagen

Du steckst schon wieder voller Pläne, nicht wahr?

Das liebe Ich an dir: Du reichst Mir deine Hand und übergibst an Mich und aus deinem Kurs verschwinden alle Schlingerbewegungen. Er wird ruhig und zielsicher. Wie gesagt, Ich liebe es.

Erinnerst du dich noch an frühere Zeiten? Wo dein Maß alles aufgefüllt hat und deine Gedanken so stark waren, daß kaum ein Durchkommen für Mich war? Du hast immer wieder Meine Nähe gesucht, dich gesehnt nach Meinem Licht und hast es nie aus den Augen gelassen. Immer in der Hoffnung, eines Tages dort anzukommen. Ich wußte das und hab Mir deine Wünsche zu eigen gemacht.

Wie kann Ich das tun?

Durch dein Sehnen, Mich haben zu wollen, entstand ein Sog. Ich habe dir fürsorglich ein Hindernis nach dem andern aus dem Weg geräumt, damit reifes Denken entstand und Ich dich an Mich ziehen konnte. An manchen deiner Gedanken hast du verzweifelt festhalten wollen. „Selbstaufgabe" nanntest du diesen Vorgang. „Selbstfindung" habe Ich dir geantwortet.

Stolpert ihr und liegt ihr quer über euren selbstkonstruierten Hindernissen, wie viel Freiraum soll's denn dann noch sein? Natürlich lasse Ich euch machen, wenn ihr euren Kopf wegdreht und auf Eigenständigkeit, losgelöst von Mir, besteht.

Natürlich, sage Ich. Aber genau in der Natur der Dinge liegen dann Vorwürfe, Bitterkeit, Verzweiflung. „Wenn es einen Gott gäbe, dann …" Ihr kennt diesen Spruch. Er hat für Mich etwas Absurdes:

Erst stößt man die Hilfe mit Händen und Füßen von sich weg, um dann das Vorhandensein solcher Hilfestellung gänzlich in Frage zu stellen. Könnt ihr euch diesen Vorgang aus Meiner Sicht einmal vorstellen?

Wie oft würdet ihr Menschen die Schultern zucken und mit einem laut vernehmlichen „dann halt nicht!" davonziehen. Wer würde es euch verübeln? Einzig das Erkennen der Notlage könnte euch eventuell bewegen, doch zu bleiben und euch zur Hilfe bereit zu halten.

Worin besteht nun die eigentliche Notlage?

Richtig, in der Ausweglosigkeit beschränkten Denkens! Das ist weitaus dramatischer als irgend eine mißliche Lage selbst. Denn aus jeder Lage findet sich letztlich ein Ausweg, sobald die Gedanken frei und ungehindert fließen können.

Und wenn Ich nun sagen würde: Keiner von euch ist frei von solchen Behinderungen im Denken – würdet ihr dann dieses Buch zuklappen und ausharren, wo ihr seid?

Oder aber, ihr reicht Mir ganz einfach immer wieder eure Hände. Eine Geste, die sogar unter den Menschen hilfreich sein soll …

19. Bedürfnisse oder Bedarf?

Heute möchte Ich Werbung machen in eigener Sache.

„Das tun alle", könntest du vielleicht sagen. „Warum jetzt auch noch du?"

Ich weiß, du schaltest die Werbung immer weg, sobald sie an dein Ohr dringt. „Früher," sagst du, „war das anders. Farbe, Vielfalt, Kreativität und – Humor. Ganz wichtig", findest du. Ich stimme dir zu.

Humorvolle Werbung vermittelt neben der Freude vor allem das Gefühl von Freiwilligkeit. Oftmals bedeuten eure Werbespots komprimierte Manipulation zum Kaufentscheid.

Nach allen Regeln der Kunst werden Bedürfnisse erzeugt an Dingen, ohne deren Besitz man mindestens genauso leicht leben kann.

Mit Meinem Angebot verhält es sich anders:

Ich biete ewige Bedürfnislosigkeit in materiellen Dingen, dafür reiche Ernte an geistigen Besitztümern.
Ich unterscheide den Menschen nicht nach Rang und Namen, sondern danach, wie deutlich Mein Name in seinem Herzen steht.
Ich überbringe keine Ware mit Verfallsdatum, sondern ewige Haltbarkeit Meines Wortes.
Ich biete keine Funktion mit begrenzter Garantie, sondern immerwährende Liebe …

Es gibt schon Momente, da möchte Ich Meine Werbung einstellen und sagen: Wer nicht will, hat schon gehabt! Dann sehe Ich euch wieder suchend umherirren und rühre erneut Meine Werbetrommel. Heftet euch an Meine Fersen.

Auf Schnäppchen und Sonderangebote werdet ihr allerdings vergeblich warten. Das gibt Mein Sortiment nicht her. Man verschleudert keine Juwelen!

Jetzt könnt ihr wieder abschalten!

20. Das Phänomen „Warze"

Warum sind Warzen so unbeliebt bei den Menschen? Ich will es dir sagen:

Eure Haut soll glatt und jugendlich sein. So will es zumindest die Werbung. Störungen auf der Oberfläche werden eiligst „wegmontiert", meist überpinselt. Danach stimmt die Illusion wieder. Darauf kommt es euch an. Die Wirklichkeit ein wenig zudecken zugunsten von Wunschvorstellungen.

Das ist noch recht leicht möglich mit Leberflecken oder Pickeln aller Art. Aber mit Warzen?

Erinnere dich: Im Märchen begegnet dir die Warze fast ausschließlich auf der Nase der Hexe! Das ist so ziemlich der einzige Platz, an dem sie zugelassen ist. Und wieder Ablehnung.

Auch „reife" Haut darf's zur Not noch sein. Immerhin verfügt die Zielgruppe der Beworbenen meist über ausreichend Geld, um die dafür entwickelten Produkte zu kaufen. Also zulässig.

Nun steht die Warze meist ab. Ihr Gewebe ist oft deutlich zerklüftet und blutet leicht. Eine Ansammlung Viren (es gäbe noch andere Spezifika) hat das umliegende Gewebe zerstört und verändert. Die äußere Form der Warze richtet sich nach der Intensität dieses Vorgangs. Unmittelbar entsteht daraus keine Gefahr für den Menschen; setzt sich dieser Prozeß aber verstärkt und ungehindert fort, dann kann diese „Anomalie" durchaus zur Schwächung des

Immunsystems und in Folge zu weiteren, sogar ernsten Erkrankungen führen.

Sie ist unbeliebt, die Warze, gewiß. Dennoch häufig. Und weit mehr als eine Hautunreinheit. Ausgelöst durch Druck, Angst, Hilflosigkeit, weicht eure Abwehr zurück und macht Platz für Angreifer. Die Schwächung des Körpers folgt meist auf dem Fuße.

Euer Seelenkörper, der Träger Meines göttlichen Funkens in euch, soll ebenso makellos rein sein wie das Wunschgebilde in eurer Werbung. Dennoch, glaubt Mir, besitzen viele einen Seelenkörper, der über und über mit „Warzen" bedeckt ist.

Sorglos und meist ohne Erkennen wandern jene Menschen durchs Leben, nicht ahnend, daß sie einmal ihre Seele mit Meinen Augen betrachten werden. Welch ein Anblick!

Es ist gut und in Meinem Sinne, euren Körper heil und fit zu halten. Aber vergeßt bei all der äußeren Sorge nicht, in gleicher Weise auf eure Seele zu achten.

Für alles gibt es eine Medizin – wirkungsvoll und kostenlos. Wählt klug!

21. Dein Fortkommen ist nur dann interessant, wenn du dich darin widerspiegelst

Bist du fit und lebendig?

Du hattest Zweifel heute morgen, als du das Haus verlassen hast. Zweifel an deiner Kondition. Sie schwankt zuweilen. Du hattest Bedenken, dein Sohn könnte dich mit einem Infekt angesteckt haben. Und Krankheit hätte dir nun gar nicht in dein Konzept gepaßt. Wie üblich!

Nein. An deinem Wunsch, gesund zu sein, ist nichts Unnatürliches. Schon eher an der Angst, krank zu werden. Da scheiden sich die Geister, nicht wahr?

Dein Tagespensum – wonach bemißt du es? Warte, Ich komme dir zuvor: Ein Tagespensum, das dich in deiner Weise in der Vorwärtsbewegung hält.

Fein. Nur manchmal bin Ich nicht so versessen auf das, was euch vorwärts bewegt!

Geh doch einmal morgens um 8.00 Uhr in die Vorortzüge und befrage die Fahrgäste, warum sie dort sitzen: Wahrung des Besitzstandes, sozialer Status, Schulden, Pflichtbewußtsein, Ausbildung der Kinder und noch viele äußere Erfordernisse mehr.

Schau in ihre Gesichter, während dir die Menschen antworten. Der zumeist freudlose Ausdruck stimmt mit ihren

Antworten überein. So viel zum Thema „Vorwärtskommen".

Manchmal halte Ich diesen Zug an.

Erkrankungen zum Beispiel sind eine natürliche Bremse. Zeit zum Nachdenken, oft auch Zeit zum Aussteigen; zur Neuorientierung und zum Umsteigen in eine andere Fahrtrichtung. Manchmal auch nur, um euer mörderisches Tempo zu drosseln; eurem Körper ein klein wenig Erholung zu gönnen.

„Mittels Krankheit?", fragst du verwundert. „Mittels Atempause", antworte Ich.

Ein Segen – oder etwa doch nicht? Du fühlst es selbst: In der Ruhe liegt die Kraft. Laßt ihr zu, daß euch diese Ruhe genommen wird – aus welchen Gründen auch immer – schwindet leicht diese Kraft und eine Erholungspause wird nötig. Für Körper und Geist.

Haltet rechtzeitig inne. Hättet ihr wirklich und wahrhaftig Vertrauen in Mich, euren Schöpfer, es käme kein solcher Druck zustande! Ich gebe euch Mein Wort darauf.

Sollte euch aber dennoch bewußt werden, daß eure Fahrt rasante Züge annimmt, dann bremst mutwillig und in eigener Entscheidung. Damit bestimmt ihr selbst Geschwindigkeit und Fahrtrichtung.

Für viele von euch ist es höchste Zeit dazu!

22. Lasse es dabei bewenden

Versuche dich an deine Kindheit zu erinnern. Steht sie wieder vor dir? Ich weiß, es ist schon eine Weile her. Trotzdem steigen Gefühle in dir hoch.

„Unterschiedlicher Art", sagst du. Ja, gewiß!

Aus deiner Sicht stets ein bißchen Wehmut, nicht noch weitere „Türen geöffnet zu haben", wie du es nennst. Und immer schwingt ganz leise das Bedauern mit, nicht noch mehr erklärt bekommen zu haben. Ein breites Angebot an Informationen hättest du dir gewünscht; eine Straßenkarte für dein Leben sozusagen.

Was hättest du nicht alles in dein Leben gepackt! Ich bin davon überzeugt. Aber genau das wollte Ich nicht und du fühlst das schon die ganze Zeit.

„Gediegen" stand in deinen allerersten Zeugnissen. „Schon fast peinlich", hast du rückblickend gemeint. Das sehe Ich nicht so. Genau das wollte Ich!

Dabei bist du es, die sich über Kaufartikel ärgert, bei denen Sollbruchstellen regelrecht eingearbeitet sind, damit auch künftiger Umsatz sichergestellt ist.

Du bleibst noch immer dabei, daß „gediegen" ein überholter Ausdruck ist? In diesem Wort steckt „gedeihen in bleibender Weise".

Mir gefällt's.

Ich hätte dich für viele andere Aufgaben ebenso heranziehen können. Auch dann wäre dein Leben sinnvoll geworden. Aber bist du nicht der Meinung, daß für *Mich* arbeiten die beste Art ist, gebildet zu werden?

Gewiß, das schmale, tiefe Segment, von dem du immer träumst, es wäre auch möglich gewesen. Das flache, dafür aber breite Sortiment ist jedoch für Meinen Zweck besser geeignet. Ich weiß das wohl. Auch wenn du das immer noch bezweifelst.

Auf die vielfältigste Weise wirst du Menschen damit dienen können, denen du begegnest. Und es werden viele sein.

Lasse es nun dabei bewenden!

23. „Mein Reich ist nicht von dieser Welt"

Bringst du Mir Vertrauen entgegen, über diese Aussage nachzudenken?

Es grenzt an ein Wunder, wie viele rohe Gedanken nicht zur Ausführung kommen.

Kannst du dir vorstellen, daß alle Gedanken an Mord, Gewaltausübung jeder Art, Haßgefühle, Neid und Mißgunst an Mein Ohr dringen und sich unter Mir zu einem übergroßen, schwarzen Meer zusammenfinden? Wie würdest du dich fühlen, wenn alle deine Gedanken von Liebe, Güte und Gerechtigkeit drohen, fortgerissen zu werden von dieser Urgewalt?

Ich suche jeden Augenblick nach Geschöpfen, die Mir helfen, die Hoffnung für euren Planeten aufrechtzuhalten. Es ist eine besondere Zeit angebrochen für euch. Es gibt leider keine sanfte Formulierung für diesen Zustand:

Leben in Meiner göttlichen Ordnung auf der einen Seite – Vernichtung ebensolchen Lebens auf der anderen! Und wenn du nun glauben solltest, der Ausdruck „Vernichtung" könnte in irgendeiner Form relativiert werden, muß Ich dich leider enttäuschen.

Wohl gibt es Lichtträger der besonderen Art unter euch; aber auch hungrige Wölfe, die zum Sprung auf die Menschheit angesetzt haben und sie augenblicklich zerreißen wollen, so sie ihrer habhaft werden.

Wer sind diese? Sucht zuerst die Träger des Kapitals! Ich

weise erneut auf diese wenigen hin, die verborgen im Hintergrund alle Fäden ziehen. Am Ende ihrer „Schöpfung" steht das „Produkt" Mensch. Es hat nichts mehr mit einer freien Kreatur nach der göttlichen Idee zu tun.

Für euer Verständnis unbeschreibliche Manipulationen eures Geistes, eurer Freiheit, eures Lebensraumes und vor allem eurer Würde werden erdacht und täglich deutlicher umgesetzt. Es geschieht dies in sehr kleinen, fast vorsichtigen Schritten; jedoch um so zielsicherer.

„Nun", sagst du, „es wollten doch schon so viele die Welt oder Teile davon beherrschen, und sind sie nicht alle kläglich gescheitert?"

Ich gebe dir recht. Jedoch bedenke, wieviel Elend und Not jene unter euch ausgelöst haben, bis ihr Ende endlich kam. Und je mehr schädliche Strukturen geschaffen sind, desto schwerer wird es für euch, die Notbremse zu ziehen.

Jene Geschöpfe handeln gegen alle Gesetze der göttlichen Freiheit. An der Zulassung des freien Willens will und muß Ich unbeirrt festhalten. Daraus folgt, daß Mir willkürliche Eingriffe in euer Tun nicht möglich sind. Erreichen Mich aber eure Willensäußerungen in Form von Bitten um göttliche Erbarmung, *so kann und werde Ich eingreifen*! Nur im freiesten Wollen führt euer Weg zu Mir.

„Das ist schwer zu begreifen", meinst du? Ich gebe dir ein Gleichnis zum besseren Verständnis:

„Ein König besucht seine Untertanen. Er möchte sich vergewissern, ob sie ihm treu ergeben sind. Daher wählt er eine Verkleidung, durch die ihn niemand erkennt.

Einerseits fühlt er Liebe, die ihm entgegengebracht wird, jedoch erkennt er andererseits auch finstere Mordgedanken gegenüber der Person des Königs.

Da er sein Volk über alles liebt, wählt er den Weg der freien Entscheidung für seine Untertanen. Er stellt ihnen ein Ultimatum, welches folgenden Vorschlag enthält:

Übergebt Mir alle eure Güter. Tut dies in aller Liebe und Ich, euer König, werde euch alles, was ihr in freiester Entscheidung in Meine Hände gelegt habt, unendlich vervielfältigen und zu eurem Besitz machen. Damit teilt ihr Meinen Reichtum, Meine Güter und all Meine Macht.

Jene, die ihn lieben, kommen in großer Freude zu ihrem König. Die andern aber halten an ihren Plänen fest, da sie Macht und Reichtum allein und nach ihrem eigenen Gutdünken in ihren Händen halten wollen."

Erkennst du nun, welch langer Weg mit unendlich viel Geduld vor diesem König liegt?

Begreift euern Zustand und zögert keinen Moment länger, Mein Erbarmen für die Menschheit zu erflehen. Eure Lage ist ernst!

24. „Alles – nur nicht das"

... sagst du. Und Ich freue Mich darüber, daß du einsichtig geworden bist. Nur hin und wieder wünscht du dir noch Loslösung von Mir; in sehr seltenen Fällen, wenn du allen Mut verlierst und du mehr oder weniger kopflos davonrennen willst. In den anderen Fällen aber wolltest du die Erprobung deines freien Willens.

Du spürst immer wieder Meine Wärme und Mein Licht in deinen Gedanken. „Wellen der Freude" nennst du es, wenn dich Meine Liebe durchströmt. Dann fühlst du dich in deiner Mitte. Das ist ein Zustand, den sich jeder Mensch nur wünschen kann; denn er befindet sich in diesem Moment in Meinem Lichtkreis. Das ist einzigartig!

Wie ist nun dieser Zustand möglich?

Der Mensch verbindet sein Denken mit dem Meinen. Nicht, wenn es ihm gerade für ein paar Augenblicke gefällt, sondern für immer und ewig. Ja, sehr richtig, die Aussage in Dantes „Göttlicher Kommödie": Und in Meinem Willen ist euer Friede! In der Verbindung des eigenen Willens mit dem göttlichen liegt die einzigartige Wirkung.

„Fallstricke" nennst du es, wenn dein Denken unbeholfen wird und alle alten Schemata wieder zu Tage treten. Klein, ängstlich und hilflos wirkst du dann. Meist rebelliert auch dein Körper; fast eine zwingende Folge.

Dennoch gab es auch deine freie Entscheidung, aus Meinem Lichtkegel herauszutreten. Das waren jene Zeiten, in denen es stürmisch wurde in deinem Gemüt, manchmal auch kummervoll. Ich spreche in der Vergangenheit, denn du hast den Schritt in deine ganz persönliche Freiheit getan – die freieste Entscheidung, die du für Mich, deinen himmlischen Vater, nur treffen konntest!

Ich erkläre es dir:

Ein Kind möchte schwimmen lernen. Der Vater akzeptiert freudig diesen Wunsch und macht sich bereit für die Hilfestellung. Das Kind wiederum begibt sich vertrauensvoll – meist ein wenig ängstlich – in seine sicher haltenden Hände. Es lernt die Bewegungsabläufe und mit der Zeit stellen sich Freude und Sicherheit ein – jedoch immer noch unter der deutlichen Hilfe des Vaters.

Nach und nach wird dieser versuchen, seinen Griff zu lockern und den Lernenden immer mehr in die Eigenständigkeit zu führen.

Klugerweise wird jener Vater auf ein Zeichen seines Kindes warten, seine Hände zurückzuziehen, um danach das Kind in eigener Entscheidung frei schwimmen zu lassen. So wird der Lernende selbst zum Meister und kann seinerseits anderen zum Lehrmeister werden.

Werdet Träger Meines Lichts und verteilt verschwenderisch Meine überfließenden Gaben untereinander!

25. Ich liebe euch für eure Bereitschaft, Mir zu dienen

Ich gebe dir recht. Hinter dir liegt eine schwierige Zeit mit Höhen und Tiefen, die man üblicherweise nicht unbeschadet übersteht.

Ich kenne das. Erinnere dich an Meinen Erdenweg: Für viele Betrachter hat er kläglich geendet; für die Wissenden aber war es ein Triumph über Leib und Seele. Die Karwoche hat begonnen. Viele richten wieder ihren Blick auf das damalige Geschehen und staunen erneut über Meine Entscheidung. Ich hätte Mich dem Ende entziehen können, gewiß. Es wäre ein Leichtes gewesen. Dennoch blieb Ich Meinem Erkennen treu.

Auch du hast immer wieder – an besonders heiklen Punkten – mit dem Gedanken gespielt, diesen Weg abzubrechen. Es wäre durchaus möglich gewesen. Dennoch bliebst du Mir treu. Ja, Ich sage: Mir treu. Denn glaube Mir, jede andere Entscheidung hätte den Weg in Meine Arme nur verzögert. Und das hast du nie gewollt! Dafür hast du Zeiten in Kauf genommen, in denen du unter all den vielen Menschen einsam warst. Denn deine Bürde wog schwer.

Das Alte ist überwunden, Mein Kind, und das Neue wartet groß auf dich! Es sei.

Meine Fürsprache beim Vater als Sohn war es, die euch die Tore zum Himmel geöffnet hat. Mein körperliches Sterben unter unvorstellbaren Qualen war das Siegel zu dieser Übereinkunft. Ich habe gesiegt, als Ich größte Schmerzen ertrug und größte Demütigung hinnahm. Und Ich habe den Tod besiegt, als Ich starb. Für viele Menschen ein Paradoxon, gewiß. Dennoch heiligt der Zweck die Mittel.

Ich weiß, du schauderst bei dieser Aussage. Ich werde versuchen, sie dir zu erklären: Das „reine" Denken, also das von allem irdischen Befreite, läßt Mittel und Wege zu, die nach eurem äußeren Verständnis oft nicht akzeptabel sind. Daraus entstehen Konflikte, die wiederum nur durch die auf das Ziel gerichtete Entscheidung überwunden werden können.

Viele von euch leben ein solches Leben. Sie sind sich nur nicht bewußt, welche Ursachen ihre Leiden haben. Anstatt in Bitterkeit zu klagen über euer Schicksal, sage Ich euch:

Ihr habt frei und einsichtsvoll und mit hohem Bewußtsein entschieden, in diesem irdischen Sein Leid zu ertragen, damit zu leben und euch selbst zu überwinden. Wie groß wird eure Freude sein, wenn ihr erst erkennt, welche Möglichkeiten euch in einem anderen Dasein dadurch offenstehen. Schuld- / Sühnegedanken oder ähnliches lasse Ich in diesem Zusammenhang nicht gelten, denn eure Erlösung führt über eure Einsichten.

Findet heraus, welche Tiefe in der Erfahrung und Annahme von Leid steckt, und ihr erkennt eure eigene Seelengröße. Lebt in der Gewißheit, daß Ich all eure Schmerzen verstehe und sehr wohl damit umzugehen weiß.

Ich liebe euch für eure Bereitschaft, Mir zu dienen!

26. Besonderes Glück

„Ich wünsche dir viel Glück." Ein Satz, den ihr oft und gerne verwendet. Ich habe nichts dagegen, denn gute Wünsche sind auch Meine Wünsche.

Dennoch möchte Ich euch in diesem Zusammenhang auf eine Besonderheit aufmerksam machen:
Man läßt es sich wohl ergehen, liebt die Abwechslung oder – je nach Charakter – die Beschaulichkeit. Aber immer soll euer Leben Spitzen haben, die ihr gerne mit dem Begriff „Glück" auffüllen möchtet. Je mehr solcher Spitzen in einem Leben, desto besser.

Was bezeichnet ihr nun als „Glück" und welche Eigenschaften besitzt es? Da gäbe es ein paar gängige Definitionen. Ich beschränke Mich auf eine: Die Wach- und Schlafphasen.

„Ungewöhnlich", meinst du? Nicht halb so ungewöhnlich, wie du denkst. Was geschieht in den Wachphasen eures Lebens? Ihr lernt dazu! Täglich begegnet ihr Menschen und Schicksalen, arbeitet euch durch euren Alltag, gebt nach und gebt zurück; wandelt Erkennen um in geistige Energie – eure Seele wächst!

Und die Schlafphasen, was bringen sie euch – vom regenerativen Aspekt abgesehen? Eine Fülle von Umwandlungen, sage Ich euch. Bedenkt die vielen Ereignisse des Tages. Ihr nehmt sie mit in die Verarbeitung – eben jenen Schlaf.

Euer Wachbewußtsein ist dann ausgeschaltet. Ihr seid dann wieder nahe eurer geistigen, d.h. eurer wirklichen

Existenz. Ihr beschaut, begreift, entscheidet. Euer Tun, Wünschen und Wollen bildet den nächtlichen Lernstoff. Unbehindert von den Begrenzungen eures Verstandes arbeitet eure Seele und – wächst!

Welch ein Glück, nicht wahr?

27. Wolkenbilder

Du möchtest gerne mit Mir über „Wolken" reden, weil dir danach ist? Gut, soll sein.

Mein „Himmel" ist ein einziges Geheimnis für euch. Er wird in Etappen erreicht. Aus einer reifen Seele wird ein Himmelsbewohner. Eine Entwicklung ganz nach Meinem Geschmack.

„Wolken" in der *geistigen* Entsprechung bedeuten: verdichtete Denkweisen der gleichen Art. Eure *irdischen* Wolken bestehen aus Wassermolekülen, die in ausreichender Verdichtung als Regen, Schnee oder Hagel zur Erde fallen. Damit kann eine Wolke abgebaut und schließlich aufgelöst werden. Der klare, blaue Himmel ist einer eurer beliebtesten Zustände. Damit hätten wir nun die Auflösung eurer irdischen Wolken.

„Der Wind?", fragst du. Nun ja, er kann helfen, die Wolke aufzulösen. Jedoch bedenke, daß sich besagte Wassermoleküle dann immer noch in eurer Atmosphäre befinden und sich wieder binden können, so sie nicht rechtzeitig anderweitig aufgelöst wurden.

Auf die Erfordernis von Niederschlägen in bezug auf eure Erde brauche Ich wohl nicht extra eingehen.

Wie aber geht nun die Auflösung der „geistigen Bewölkung" vor sich? Eine Möglichkeit ist euer „Nachdenken – Erkennen – Umsetzen Prinzip. Die schönste Form der Lösung und eine große Erleichterung, euren Lebensweg zu bewältigen.

Anders der Niederschlag: Auch hier geht Auflösung vor sich, aber bereits mit deutlich sichtbarer Auswirkung. „Regenschirm auf oder warm anziehen" ist dann die Devise der Erdenbürger!

Was ist geschehen? Die Verdichtung wurde zu groß; die Wolke zu schwer. Eure Entwicklung der Seele zu sehr belastet. Ihr nennt den Niederschlag meist Schicksalsschlag!

Ja, manchmal habe Ich Erbarmen. Dann bläst euch der Wind um die Ohren und eure Wolke wird in alle Himmelrichtungen zerstreut. Fröhlicher macht euch das meist auch nicht – sollte es aber.

Und geschlossene, schwere Wolkendecken? Dann ist ausgiebiger Niederschlag meist unabwendbar. Jedoch auch hier schließt sich der Kreislauf:

Wasser – reinstes Leben – wird von der Erde aufgenommen und es beginnt Erneuerung!

28. Stellst du dich schon wieder taub?

Randvoll mit Einsichten möchtest du sein. Komme Ich, dich aufzufüllen, stellst du mitunter fest, daß es eventuell doch zu viel für dich sein könnte.

Du hast bereits festgestellt, daß einsichtig sein Bewegung erfordert, und nach dem Trägheitsprinzip möchtest du manches Mal lieber sitzenbleiben. Ich bin nicht damit einverstanden.

Das Maß deiner Einsichten richtet sich nach der Bereitschaft zu erkennen. Liegt Erkennen vor, solltest du Bereitschaft zur Einsicht unmittelbar folgen lassen. Zu kompliziert?

Ich erkläre es dir: Manchmal fragst du Mich, wie oft Ich dir noch in den Ohren liege mit Meiner Forderung nach Veränderung. Du stellst dich dann gerne taub, wenn du Mich hörst; läufst geschäftig durchs Haus und weißt auf einmal jede Menge wichtiger Dinge zu erledigen.

Ich kann warten, wenn es an Erkenntnis fehlt; ist diese aber vorhanden, dann bitte schön beweg dich – aber nicht durchs Haus, sondern auf Mich zu!

„Das lasse ich mir nicht gefallen", sagst du manchmal, wenn dir die erforderliche Konsequenz auf die Nerven fällt und du Mir klar zu machen versuchst, daß du auch ein Recht auf Pausen hättest.

Ja, schon. Eine ganze Weile habe Ich auf ein gedrosseltes Tempo Rücksicht genommen. Aber dafür besteht nun kein Grund mehr. Die Ausstattung ist da, jetzt benütze sie auch.

Du weißt, wie lästig Luftblasen im Heizungssystem sind. Nur Rauschen und Gurgeln sind die Folge. Ich will sie auch nicht und kann sie noch weniger brauchen als du!

Noch immer mißmutig? Behindere dich nicht weiter mit belastenden Gedanken der „worst-case"-Kategorie". Der schlimmste Fall bist du selbst, wenn du dich querstellst.

Atme tief durch und hab wieder Vertrauen! Vielen Dank auch.

29. Materialermüdung?

Ich gebe dir Mein Wort darauf: Du fällst nicht auf die Nase!

„Alles hat Grenzen", sagst du, „besonders meine Fähigkeit zu wachsen. Ich fühle mich wie ein Gummiband, das Gefahr läuft, überdehnt zu werden. Materialermüdung!"

Sonst noch was? Wer glaubst du zu sein?

Noch einmal – auch wenn's schwer fällt: Ihr seid Ebenbilder Gottes, Meine Ebenbilder. Hier gibt es keine Materialermüdung, denn ihr seid nur zu einem winzigsten Teil Materie. Fast ausschließlich alles ist Geist, dehnbar in alle Welten! Habe Ich Mich deutlich ausgedrückt?

Du fragst Mich, woher dann deine körperliche Müdigkeit käme. Das kann Ich dir sagen: Zuallererst brauchst du mehr körperliche Bewegung. Wer rastet, der rostet. Alter Spruch, aber hochaktuell! Zum andern stelle deine Mutwilligkeit ein. Die macht dich müde. Schaffe dir kein Arbeitspensum, das Druck erzeugt. Wozu denn? Ich bin bei dir und alles fließt.

Laß zu, daß dein Lebensfluß – also deine Energie – unterschiedlich fließt. Daran ist nichts Verkehrtes. Gleichmaß im Sinne von Gleichförmigkeit gibt es bei Mir nicht. Nur der Mensch ebnet Flüsse künstlich ein und manipuliert damit Naturgesetze, die er oft nicht erkennt oder versteht. Laß auch zu, daß du dich bei deiner Arbeit unterschiedlich fühlst – solange du Vertrauen in Mich hast, trägt alles nur zur einzigartigen Vielfalt Meiner Geschöpfe bei.
Du bist wieder bereit? Dann wenden wir uns einem neuen Thema zu.

30. Ein wenig Pflanzenkunde

Der Same reift. Ein Zustand, den der Gärtner mit Genugtuung und Freude betrachtet.

Du ahnst manchmal die unendliche Vielfalt der Botanik. Du staunst über Formen und Farben und bist immer wieder fasziniert von der wohltuenden Ausstrahlung der Pflanzen. Besonders die Blumen in ihrer leuchtenden Schönheit haben es dir angetan. Du bist überzeugt, daß eine Ansammlung von Pflanzen dich in deiner Mitte hält oder in deine Mitte bringt, je nach Zustand.

Warum ist dies möglich? Ich bin grenzenlos. Das wirkt sich nicht nur auf die Vielfalt der Pflanzen aus, sondern auch auf ihre „Seelenspezifika". Du ahnst auch, daß dieser Ausdruck richtig ist. Alles – aber auch alles – ist beseelt. Mehr oder weniger.

Das ist sehr einfach zu erklären: Da alles von Mir Geschaffene lebt, enthält es auch Meinen Geist. Du prüfst das „Ausmaß" des Geistes?

Ja, natürlich gibt es auch hier Unterschiede. Der im Menschen vorhandene Geistfunken ist verglichen mit anderen Schöpfungen deutlich sichtbar – für Mein Auge. Und Ich sage dir: Dies wird auch ein Geheimnis bleiben, solange ihr lebt in eurer körperlichen Hülle. Und euer Staunen, sobald ihr dereinst einmal erkennt, wird unendlich groß sein.

Aber zurück zu den Pflanzen: Sie sind ausgestattet mit einem Fluidum, eine in die Seele des Menschen wirkende

Kraft aus Form, Farbe und im besonderen der Bestimmung der Pflanze.

Du wirst erstaunt sein zu hören, daß jedes auch noch so kleine Geschöpf einer Bestimmung folgt, die jeweils am Ende ihrer augenblicklichen Existenz in eine neue, höhere Bestimmung einmündet. Tröstlich, nicht wahr?

Du erkennst nun auch die besondere Bestimmung der Heilpflanzen: Neue Formen, neue Wirkung, neue Kraft in jeder Existenzart. Für menschliches Denken unfaßbar!

Ich weiß um deine Gedanken: Was für ein Verlust, so wenige dieser Bestimmungen zu kennen. Das weiß Ich wohl. Bedenke aber, daß auch der Einsatz von pflanzlichen Heilkräften beispielsweise dem fortschreitenden Erkennen und der Entwicklung des Menschen angepaßt sein soll. Du unterschätzt noch ein wenig die Wirkung Meiner Pflanzen. Ihr steht erst am Anfang ihrer Nutzung zum Segen für die Menschheit!

Und langsam ahnst du auch, warum ihr Anblick so viel Freude und Wohlbefinden in dir auslöst.

Wie Ich schon sagte: Der Same reift!

31. Für alle Geschöpfe des Universums

„Ein frohes Osterfest", heißt es in diesen Tagen und ein wenig Hoffnung schwingt in euren Worten mit. Zu recht.

Die Tage werden länger, ihr habt mehr Licht; im Garten und überall in der Natur wächst die Hoffnung auf einen guten Sommer – eine gute Ernte vor allem. Und dann noch Ostern. Ein Fest der besonderen Art.

Ohne Vorrede: Es ist *Mein* Fest! Ein deutlicheres Zeichen von Sühne, Vergebung und Neubeginn wird es nicht mehr geben!

Du denkst an die Feste anderer Religionen und Kulturen? Ja, sicher; dennoch: Ich bleibe dabei. Denn Mein Tod und Meine Auferstehung gelten für *alle Geschöpfe des Universums!* Was auf der Erde geschieht, schafft Gegebenheiten überall in Meiner Schöpfung. Und diese ist vielfältig. *Überall*, sage Ich.

Vielen ist dieser Umstand längst vertraut. Dennoch wird alles daran gesetzt, euch glauben zu machen, ihr wärt die einzigen weit und breit. So unterschiedlich wie die Lebewesen auf dem Planeten Erde, so unbegrenzt ist Meine gesamte Schöpfung. Wesenheiten aller Art und Entwicklungsstadien bewohnen die Gestirne im All. Die Gründe, euch darüber im Unklaren zu halten, sind nachvollziehbar: Die Machtgelüste derer, die darüber längst Bescheid wissen, sind unersättlich.

Damit soll nun Schluß sein.

Ihr habt ein Recht darauf zu erfahren, was schon seit langem an Erkenntnissen mutwillig unter Verschluß gehalten wird. Ich werde selbst dafür sorgen, daß Nachforschungen nicht weiter blockiert werden. Und Drohungen derjenigen, die Meine Macht in Frage stellen, werden direkt und sichtbar auf diese zurückfallen.

Ich wünsche euch wach zu sehen, bewußt und mutig. Laßt euch durch nichts mehr einschüchtern. Schreibt und veröffentlicht euer Wissen.

Ich, euer Herr und Gott, werde über euch wachen und euch beschützen!

32. Quantensprünge

Das „Reine" sage Ich. Es kommt euch Menschen immer wieder zugute.

Die Last der Fehlentscheidungen im menschlichen Dasein ist groß. Oftmals wird die Quelle eurer Probleme nicht erkannt. Wäre es so, könnten Hebel in Bewegung gesetzt und Verarbeitungsprozesse eures Denkens neu gestartet werden.

Woran liegt das nun? Euer ganzes Sinnen und Trachten besteht aus wenigen primären Überlegungen: Erhalt des Körpers und seiner Funktionen; Rufweite des Göttlichen für eure Seele; Wahrung von Besitzständen bzw. eurer Existenz.

Natürlich gewichtet ein jeder anders. Jedoch bleiben diese Prioritäten bestehen, mehr oder weniger bewußt. Und damit sind wir beim Thema: euer Bewußtsein.

Es ist Mir klar, daß eure Wissenschaftler bereits viele Bücher über dieses Thema geschrieben haben mit mehr oder weniger weitreichenden Erkenntnissen. Was Ich mit Meiner Erklärung erreichen will – und das gilt für alles in diesem Buch Gesagte – ist die *praktische, deutliche Hinführung an Meine Existenz*; ja, mehr noch *an Meine Liebe!* Reiche Ernte wird euch dadurch möglich; ein neues Zeitalter der Verbundenheit mit Gott!

Ich habe Geduld. Wie einer, der eingeladen hat und nun auf das Erscheinen seiner Gäste wartet. Aber nun wird es Zeit für die Geladenen, zu Mir zu kommen. Alles steht bereit!

„Bewußt sein" in Meiner Weise bedeutet nämlich, euch selbst klarzumachen, daß ihr nur Gast seid in eurem irdischen Dasein; daß euer wirklich bewußtes Sein nur in eurer geistigen Existenz in für euch unvorstellbarem Ausmaß zur Wirkung kommt. Die „reinen" Denkweisen, also jene, die sich ausschließlich auf Mich richten, verhelfen euch in jedem Augenblick zu diesem Bewußtsein.

Ein ganz schlichter Vorgang; jedoch für so viele von euch unbekannt:

Verbindet euch mit Mir im Geiste; bittet Mich, euch – Meine Geschöpfe – an Mich heranzuziehen. Seid ausschließlich auf eure Vereinigung mit Mir – eurem himmlischen Vater – bedacht, und ihr macht Quantensprünge in eurem bewußten Sein und reines Denken wirkt in euch. Es ist frei von Irrtümern und Korrekturen, denn es ist *Mein* Denken!

Wollt ihr es bald versuchen?

33. Noch mehr Bilder für dich …

Du liebst doch Bilder, nicht wahr? Du greifst schon hin und wieder nach den Sternen. Ein Vorgang, der die Abkopplung von der Materie symbolisiert. „Ein heller Stern am Himmel, das sollte aus jedem Menschen werden", sagst du. Ein schönes Bild. Auch in Meinen Augen.

„Was du tust, das tue richtig." Einer deiner liebsten Sprüche. Ich bin auch dafür. Nur, was ist „richtig"? Versuche zu definieren, und du wirst schnell an deine Grenzen kommen. Woran liegt das?

Nun, einige werden sagen, daß „richtig" eben das Gegenteil von „falsch" sei. Aber, noch einmal, was ist dann „falsch"?

Und nun zu Meinem Bild:

„Ein Mann wandert eine Straße entlang. Am Ende teilt sich diese in zwei Richtungen. Da er nicht weiß, welcher der beiden Wege ihn zum Ziel bringt, fragt er einen Anwohner.

Aus dessen Beschreibung beider Wege schließt der Wanderer, daß einer davon falsch sein müsse, der andere aber richtig. Aus nächster Nähe betrachtet wohl glaubhaft.

Wäre der Wanderer jedoch in der Lage zu fliegen, könnte er aus der Höhe erkennen, daß beide Wege nach mehr oder weniger langer Zeit am Ende doch wieder zusammen führen in ein gemeinsames Ziel".

Der Mann steht für den Menschen; die Straße für euren Lebensweg. Die Gabelung für eure Entscheidungen ans Ziel zu kommen. Der Anwohner ist euer Mitmensch, der aus seiner Sicht erkennt und rät – oder auch verurteilt. Die Einmündung aller Möglichkeiten in ein gemeinsames Ziel bedeutet die vielen Wege zu Gott.

„Ein halbes ‚Ja' genügt Dir nicht", hast du einmal zu Mir gesagt. Stimmt, das ist wie ein halber Weg. Er führt zu nichts. Mit einem herzhaften „Ja" oder „Nein" dagegen, kann Ich schon etwas anfangen. Ich werte nicht. Eine wesentliche Voraussetzung, eure menschlichen Entscheidungen anzunehmen.

In jeder deutlichen Äußerung Mir gegenüber liegt ein Entschluß. Den nehme Ich, betrachte ihn nach allen Merkmalen und verwende all Meine Aufmerksamkeit auf den Weg, der jenem Entschluß folgt. Ich habe damit kein Problem.

Nur Halbherziges, Mattes, Unentschlossenes – das hält Mich fast zwangsläufig ab, einem Menschen dienen zu können. Solche sind Mir ein Ärgernis, denn sie taugen für kaum eine Aufgabe.

Es gefällt dir nicht, daß Mir ein „Gott? Nein danke" lieber ist, als ein „Gott? Na ja, ich weiß nicht"?

Aus Saulus wurde Paulus! Aber was wird aus einer menschlichen Schlaftablette?

34. Die Schönen und die Reichen

Eine scheinbar machtvolle Strategie, die die Menschen da verfolgen: Kleine Götter des Olymp zu sein mittels Reichtum und Schönheit.

Aber da spiele Ich nicht mit! Natürlich verfügt der Mensch über eine Menge Ressourcen. Das habe Ich so eingerichtet. Und natürlich sollt ihr sie auch nützen.

Aber wieder einmal stellt sich die Frage, wofür?

Indem ihr an euch reißt, was an Erstrebenswertem für euch sichtbar wird? Indem ihr rafft und grenzenlos vermehrt ohne Rücksicht auf andere? Oftmals auch ohne Rücksicht auf nahestehende Angehörige.

Vorne dran stehen – jemand sein. Das ist es doch, was viele von euch bewegt, ohne Einschränkung sich und andere auszubeuten! Ich wollte, Ich könnte es freundlicher formulieren. Aber dazu fehlt es Mir an Bereitschaft, Tatsachen zu vernebeln. Auch dies übrigens eine oft verwendete Strategie, um besagte vordere Plätze zu erlangen.

Und was geschieht nicht alles an Heuchelei? Lächeln, solange man sich gegenüber steht – die Messer zücken, sobald der Rücken zugewandt wird. Eine große Unvorsichtigkeit in menschlichen Kreisen.

Und dann die Intrigen zum Machterhalt! Oh, Ich könnte dieses Buch allein damit füllen, diese selbstverständlich gewordene Angewohnheit zu beschreiben. Ein Spiegel vor das Angesicht so vieler unter euch. Soweit zum Preis des Reichtums.

Ich verzichte darauf, die Atmosphäre genauer zu beschreiben, die eurer Gemeinschaft durch dieses Handeln entsteht. Welche Früchte erntet ihr wohl aus Lüge und fortgesetztem Betrug?

Und dann die Schönen: Ihr Wertvollstes ist das Spiegelbild! Wenn möglich, besteht der Spiegel natürlich aus Edelmetall und Edelsteinen. Der Rahmen muß schon stimmen.

Und auch hier gelten alle Maßnahmen als zulässig, um einen bestimmten Eindruck nach außen zu erwecken! Wie überhaupt das „Außen" bestimmend ist für ihr Denken und Handeln. Hauptsache, das persönliche Ziel wird erreicht.

Wie gut, daß es den Vorgang des Alterns gibt. Eine natürliche Bremse, möchte man meinen. Aber das „Scheinen-wollen" anstelle des wahren Seins geht auch hier schier unvorstellbare Wege.

Nun ja, in beiden Fällen ist ein Ende sicher. Vielleicht ist es jenen ein Trost, dann als Grabbeigabe den Spiegel oder ein großes Aktienpaket beigefügt zu bekommen. Letzteres natürlich nur als Muster ohne Wert, da längst Nachfolge bei den Hinterbliebenen entstanden ist.

Reich und schön in Meiner Weise?

Ewige Räume in eurem Bewußtsein, mit Mir in Demut und Würde geteilte Allmacht und eine strahlende Seele, deren Leuchten eure irdischen Augen nicht ertragen könnten.

Und wieder habt ihr die Wahl!

35. Wer hat Angst vorm schwarzen Mann?

Wölfe heulen nun mal. Das kennt man.

Kinder „heulen" auch. Aus anderen Gründen. Oft werden ihnen Schmerzen zugefügt, bei denen auch der Himmel zum Weinen gebracht wird.

Nicht möglich, meinst du? Und ob!

Das kleine Kind. Gibt es größere Schutzbedürftigkeit. Gibt es deutlichere Appelle an die Erwachsenen beim Anblick eines Kindes, Verantwortung und Fürsorge walten zu lassen? Das Herz müßte euch übergehen, wenn Kinderaugen euch vertrauensvoll anblicken. Und doch!

Es gibt kaum dramatischere Fehlentwicklung in eurer Gemeinschaft als beim Umgang mit euren Kindern!

Das Maß ist voll. Mein liebendes Vaterherz duldet den Mißbrauch eurer Kleinen nicht länger.

Es gibt eine Regel: Wer Mißbrauch verschuldet, dessen Inneres versteinert – wer Mißbrauch duldet, dessen Seele versandet! Beides trostlose Zustände für die Betroffenen. Nur dadurch verständlich, welche Ausmaße an Verletzungen in den Seelen der Kinder verursacht werden, die körperlichem Mißbrauch ausgesetzt sind.

Wohl ist solch ein Vergehen seit Menschengedenken bekannt. Jedoch hättet ihr das tatsächliche Ausmaß vor Augen (keine Statistik aus Dunkelziffern!), Ich sage euch, ihr wärt eures nächtlichen Schlafes beraubt.

Die Verbreitung des Kindermißbrauchs reicht standardmäßig bis in höchste Kreise der menschlichen Gesellschaft. Ja, man kann sagen: Die Vergewaltigung von Kindern ist um so mehr gang und gäbe, je mehr Mittel zur Vertuschung zur Verfügung stehen!

Erpressung ist hierbei ein probates Mittel: Wirkungsvoll besonders bei jenen, deren Aufgabe die Erhaltung der Rechtsstaatlichkeit zum Schutze des Menschen wäre.

Aber auch in den Familien – der kleinsten Einheit eurer menschlichen Gemeinschaft – finden sich viele Opfer, deren Tag aus Angst und die Nacht aus schweren Verletzungen besteht.

Den Tätern gebiete Ich: Kehrt um aus der Nacht eurer Seelen und bereut aus ganzem Herzen.

Sündigt nicht mehr und versucht mit allen euch zur Verfügung stehenden Mitteln Gutes zu tun an denen, die dringend Hilfe benötigen.

Bittet Mich, euren Herrn und Gott, aus tiefster Seele um Erbarmen, damit Ich euch Wege aus eurer verzweifelten Lage weisen kann. Wartet keinen Augenblick länger!

Ihr anderen, die ihr Mißbrauch bereits erkennt, seid mutig und gebietet diesem Treiben Einhalt. Schaut nicht mehr zur Seite, sondern blickt in die euch flehentlich bittenden

Kinderaugen. Nichts Halbes, wenn Ich bitten darf, denn ihr
wißt Bescheid!

Allen anderen brenne Ich ins Herz: Erbittet Meine deutlichen, d.h. direkten Eingriffe in dieses Geschehen. Eure
Kinder sind die Saat der Erde. Nehmt nicht länger ihre Zerstörung hin. Seid wieder liebevoll!

36. Die Lebenden und die Toten

Worte aus dem Credo. Du kennst sie.

In eurer Weise eine einfache Unterscheidung: Wer sich in seinem irdischen, biologischen Körper befindet ist der „Lebende" und der „Tote" entsprechend ein verstorbener Mensch. Wie gesagt, eine sehr simple Erklärung. Eine weitreichende Unterscheidung dagegen in Meiner Weise.

Das Lebendige stammt aus Gott, das Tote aus der Materie. Alles, was lebt, fließt. Totes dagegen ist gebunden und starr. Materie eben. Auch sie lebt; jedoch je mehr Gebundensein vorliegt, desto weniger erkennbares Leben.

Viele von euch lieben Materie. Sie bedeutet Nahrung, Sicherheit, Existenz – auch Luxus. Und sie ist Bestandteil dieses Planeten, daher nicht wegzudenken. Alles, was ihr zum Leben braucht, bezieht ihr aus eben dieser Materie. So weit, so gut. Ihr sollt – ja, ihr müßt damit leben.

Dennoch gestattet Mir noch ausführlichere Überlegungen: Mein Reich ist nicht von dieser Welt – auch nicht das eure! Selbst, wenn es anders scheint.

Ihr sollt leben, ihr sollt sogar gut leben. Eine faire, gerechte und liebevolle Aufteilung aller Güter dieser Welt würde ein freudvolles, gutes Leben für jeden einzelnen von euch ermöglichen.

Da dem nicht so ist, bedenkt erneut das Wort „Gebundenheit". Materie an sich ist gebunden Geistiges.

Gebundenheit in eurem Sinne ist das Zusammenraffen von materiellen Gütern, das im letzten Hunger und Sterben für viele eurer Mitmenschen bedeutet.

Findet heraus, wie viel euch Materielles über das Erforderliche hinaus bedeutet, und ihr erkennt die Durchlässigkeit eurer Seelen! Glaubt Mir, je mehr Distanz zur Materie vorliegt, desto freier ist euer Denken. Im anderen Fall seid ihr lebendig tot.

Ich werte nicht, das sollt ihr nie vergessen! Dennoch warne Ich jene, die ständig darüber nachdenken, welche Dinge ihnen noch zum Glück fehlen.

Ja, vielleicht fehlen sie – zum Glück!

Ich liebe es, euch frei zu sehen von allem, was euer Denken einengt und Wachstum im Geiste verlangsamt. Denn das ist unweigerlich die Folge materieller Gebundenheit.

Darüber hinaus stellt diese Betrachtung keinen Freibrief dar für jene „Raffer", die ihr Heil in äußeren Gütern suchen und den „Tod im Geiste" finden. Ihre Verpflichtung zum gerechten Teilen besteht in jedem Augenblick, und nichts – aber auch nicht das Entfernteste – entbindet sie von dieser Verpflichtung.

Leben in Fülle – leben in Meiner Weise!

37. Nur vom Feinsten

Das liebst du doch, nicht wahr: Pralinen (es könnten Berge davon sein), guten Wein, leckere Speisen. Da kommst du so richtig ins Schwelgen. Und das Verständnis für solche deiner Art ist groß …

Manchmal dämmert dir schon, wenn du die entsprechenden Stellen des Neuen Testaments liest, daß Ich zwar immer für das leibliche Wohl Meiner Anhänger gesorgt habe, aber von Völlerei dabei nie die Rede war.

Dieses ewige Maßhalten, Zurückhaltung nach eigener Entscheidung also, wie sehr dich das oft stört! Da gewöhnst du dich lieber an eine „zwickende" Galle, als sichtbar und nachhaltig Schlüsse aus diesen körperlichen Warnsignalen zu ziehen.

Sicher findet sich immer wieder ein geeignetes Präparat, solche Signale verstummen zu lassen. Dennoch weißt du längst im Innersten, daß eine Änderung deiner Geisteshaltung not tut. Und zwar bald. Wie lästig, auf diese sogenannten Freuden des Lebens verzichten zu sollen!

Und wieder denkst du ein wenig einfach, in der Hoffnung, in Mir ein schlechtes Gewissen zu erzeugen: „Da leg ich mich nun krumm für Dich, und dann dürfte man nicht einmal völlern!"

Ups – nun habe *Ich* wohl zu sehr vereinfacht???

„Völlern" käme dir natürlich niemals in den Sinn... Das ginge ja gar nicht, da dein Gewicht explodieren würde!

Verstehe. Nur, wenn es das nun nicht täte, dann könnte man eventuell doch über die Zulässigkeit dieses Ausdrucks spekulieren?

Ich kenne dich. Nur zu gut. Bedrückt steigst du morgens von der Waage und schlurfst – randvoll mit guten Vorsätzen – die Treppe hoch. Sie gelten jeweils für einen Tag – Kurzläufer sozusagen. Und genauso ist auch ihre Wirkung!

Es gibt Zeiten, da bist du Herr über deine Genüsse. „Na also, geht doch!", sagst du dann. Es ist jedoch nur eine Frage der Zeit, bis du zu der „Erkenntnis" kommst, daß du nun schon recht lange stark warst und ein wenig Freude ja schließlich zum Leben gehöre. Und dann beginnt alles von vorne! Wie oft denn noch, frage Ich dich?

Essen und Trinken hält Leib und Seele zusammen. Dieser Spruch ist zutreffend. Jedoch was euren Körper belastet, ist ebenfalls Ballast für die Seele, nur in andrer Weise. Anstatt zu wachsen, ist sie damit beschäftigt, die Belastungen eures Körpers auszugleichen.

Das leuchtet dir ja noch ein. Aber gleich Verzicht? Nein, Marianne, das Maß entscheidet, und du weißt es längst!

Gib dir von allem ein solches Maß vor. Halte dich daran. Wenn du nachgeben möchtest, gib sofort dein Schwanken in Meine Hände mit der Bitte um Hilfe. Das wirkt. Hab Vertrauen.

Im Laufe der Zeit wirst du feststellen, daß du dich auf diese Weise durchaus von deinen „Suchten" befreist (begreife

Sucht als Suche nach Ersatz) und du dann ohne Rückfall auch mal ein wenig völlern darfst.

Überwinde dich endlich, du Phlegma! Mit Mir zusammen gelingt's.

38. Du gefällst Mir wie du bist

„Ein Kompliment", meinst du? Nein, das überlasse Ich den Menschen, Komplimente zu machen. Nichts dagegen, wenn sie ernst gemeint sind. Aber zweckgerichtet verfällt selbst das schönste Kompliment zu Müll. Du ahnst es schon: Es geht Mir um Wahrheit.

Vielen von euch fällt es überaus schwer, die Wahrheit zu sagen.

Dafür gibt es viele Gründe: persönliche Nachteile, die sich aus der Anwendung von Wahrheit ergeben oder auch Vorteile durch Verzicht darauf; atmosphärische Störungen im Miteinander, Unglaubwürdigkeit (man denke an mutige Berichterstattung beispielsweise) und eine Reihe anderer Gründe mehr.

Da scheint es doch manches Mal besser zu sein, ein wenig Zurückhaltung in bezug auf die Wahrheit zu üben? Meint man.

Ich möchte euch heute eine andere Sichtweise – ihr ahnt es – Meine Sichtweise zu diesem Thema darstellen.

Zunächst der Aspekt „Offenheit": Ihr würdet staunen, könntet ihr die vielfache Verwirrung erkennen, die durch manipulierte Aussagen entstehen. Oftmals wollt ihr nicht verletzen und verbergt eure wirklichen Gedanken, indem ihr ganz andere Worte aussprecht.

Was würde in einem Chemielabor passieren, wenn willkürliche Mischungen anstatt klar erkannter Verbindungen zusammengefügt werden? Ich möchte dort nicht beschäftigt sein!

So ähnlich konfus, mitunter höchst kontraproduktiv oder schädlich ist die Wirkung im Menschen.

Mit nicht ehrlich gemeinten Äußerungen nehmt ihr dem Betroffenen die Sicht. Ihr umnebelt ihn sozusagen. Und wer bewegt sich schon gerne im dichten Nebel?

Ihr müßt wissen, alle Unwahrheiten sammeln sich in euch – sowohl beim Empfänger als auch beim Absender. Und wieder einmal behindert ihr euch gegenseitig im Wachstum.

Was ist zu tun?

Stellt euch vor: Unter den hochentwickelten Seelen in Meinen Himmeln gibt es keinerlei Manipulationen. Sprache ist zumeist nicht mehr erforderlich; die Gedanken werden übertragen, d.h. alle Gedanken liegen sichtbar vor dem Empfänger. Habt ihr Mut, diesen Zustand nachzuvollziehen?

Begreift, welche Reinheit der Gedanken und Gefühle erforderlich ist, um so miteinander zu kommunizieren! Manchem von euch schaudert, nicht wahr?

Nicht der Weg von anderen übrigens, sondern auch der eure! Eine Frage der Entwicklung und Bereitschaft zur Veränderung. Fangt an zu üben, täglich. Euer Miteinander wird weit weniger kompliziert sein als es mit eurer augenblicklichen Methode der Fall ist. Das garantiere Ich euch.

Sprecht die Wahrheit – aber sprecht sie liebevoll! Niemals das eine ohne das andere. Dann funktioniert's! Denn im Bewußtsein des liebevollen Miteinanders können auch unbequeme Vorgänge besprochen und bereinigt werden. Euer Denken klärt sich beständig, so wie auch euer inneres Wachstum dann kontinuierlich fortschreiten kann.

Und Unwahrheit zur Erreichung eigener Vorteile als vorsätzliche Irreführung? Wie Schimmel im Mauerwerk! Zuerst nur lästig, aber beim Fortschreiten zerstört er Substanz!

Mit jedem Betrug wandert ihr weiter fort aus eurer Mitte – ihr werdet mehr und mehr euer eigenes Gesetz. Allein daraus mögt ihr ersehen, wie gefahrvoll dieser Weg für eure Seelen ist. Der Verlust der Demut macht es euch schwer, dazuzulernen; die Wahrung eurer Vorteile bindet euch ständig mehr an die Materie. Eure Sinne verwirren und verdunkeln sich.

Erkennt und korrigiert euer Denken!

39. Den Worten laßt Taten folgen

Es ist schon fast eine Gewohnheit zu nennen, wie ihr beiläufig, lässig Zusagen an eure Mitmenschen macht; in vielen Fällen ohne groß über deren Einhaltung nachzudenken.

Man könnte das, was ihr das Neue Testament nennt, geradewegs auf den Schrott werfen, ginge Ich mit Meinen Zusicherungen genau so geringschätzig um.

Worte binden.

Ihr habt es euch nicht umsonst angewöhnt, Verträge zu machen, weil ihr dem gesprochenen Wort mißtraut. Da dies sehr oft der Fall ist, mißtraut ihr natürlich auch den Worten in euren Verträgen. Logisch, nicht wahr?

Daraus ergibt sich, daß ein Heer von Rechtsanwälten beschäftigt ist, Vereinbarungen aufzusetzen bzw. ihre Anwendbarkeit und Legalität zu überprüfen.

Zu allen Zeiten gab es Weise, die im Streitfall ein Urteil sprachen.

„Weise", sage Ich. Solche würden sich auch heute nicht dazu verleiten lassen, ihr Wissen und das in sie gesetzte Vertrauen dazu zu benutzen, Betrug und Täuschung nach außen hin niet- und nagelfest erscheinen zu lassen. Durchaus geübte Praxis in eurer Zeit.

Ihr sagt, das hätte es schon immer gegeben. Das ist zutreffend. Jedoch bedenkt das Ausmaß.

Nehmt einmal nur die Jahresgehälter aller Juristen in den großen Konzernen. Unvorstellbar hohe Summen werden investiert, die eure Angst vor Betrug deutlich widerspiegeln. Weit habt ihr's gebracht. Es lebe die Gerissenheit! Ein jeder glaubt, noch ein Quäntchen schlauer zu sein als der andere, um damit seine Netze zu füllen.

Wärt ihr klar im Erkennen, hättet ihr die Qualität eures Fanges längst erfaßt!

Sehe Ich in eure Herzen, erkenne Ich im wesentlichen zwei Arten von Betrügern des Wortes:

Solche, die um ihre Existenz fürchten und sich durchaus mit Kummer im Herzen fügen; andere, für die Täuschung längst eine Art sportliche Disziplin geworden ist. Gerechtfertigt durch die „Dummheit" ihrer Partner.

Dazwischen gibt es wohl noch ein paar Unentschlossene; aber früher oder später geschieht auch bei jenen bewußtes Handeln.

Ich lebe für den Tag, an dem ihr begreift, daß jede Handlung – gleich welcher Natur – auf jeden einzelnen von euch zurückfällt.

Keiner agiert, keiner denkt für sich allein. Ob ihr nun eure Lebensbedingungen oder eure Lebensqualität verschlechtert, immer erreichen die Ergebnisse euch alle! Nichts geschieht irgendwo anders in der Welt; denn es ist eure Welt.

Begreift endlich und laßt wieder ehrlichen Worten ebensolche Taten folgen!

40. Zeit für die Aussaat

Du freust dich über die Sonne? Vorbei das gestrige Grau und der kalte Regen. Selbst dein geliebter Ammersee hatte keine anziehende Wirkung auf dich unter diesen Bedingungen.

Es steht schon fest: Die Reinigung der Erde steht bevor!

Ich möchte euch so sehen, wie du Mich heute anschaust: mit strahlenden Augen, dem Lächeln und dieser wunderbaren Zuversicht in dir, daß alles gut wird. In solchen Momenten wie diesen erkennst du den Weg, der bereits hinter dir liegt:

Erinnerst du dich noch, als du Mich darum gebeten hast, dir „umgraben" zu helfen?

„Du bist der beste Gärtner, den Ich kenne", sagtest du damals. Und dein Bild war richtig: Gute Erde, aber festgetreten!

Du teiltest Mir deinen Entschluß mit, daß dieses irdische Leben dein letztes sein solle und der Weg in die Vollendung. Du fandest sogar dieses Wort völlig selbstverständlich; denn dort, wo Vollendung noch nicht möglich wäre, sollten zumindest die Weichen dafür gestellt werden!

Und Ich habe zugesagt. Und war glücklich.

Gärtner, der Ich nun mal bin, sah Ich die kommende Ernte und alle Veränderung, die sich damit ermöglichen ließ.

Ich habe also die Gabel genommen und tief hinein das Erdreich umgegraben. Ein Vorgang, den du nicht selten als schmerzhaft empfunden hast und Zweifel an deinem Entschluß in dir hochkamen. Ich habe dich dann beruhigt und getröstet, so oft du zu Mir kamst. Du solltest nie den Glauben an deine Entscheidung verlieren.

Ich habe dir Menschen zur Seite gestellt, die mit großer Entschlossenheit Anteil nahmen an deinem Weg und dich stärkten auf ihre Weise.

Danach gingen wir daran, das Grobe zu verfeinern. Immer mehr Einsichten sammelten sich in dir, die altes Denken immer weniger zuließen.

Langsam wandelte sich auch dein Seelenkörper. Er wurde feiner, durchlässiger, wie deine Gedanken.

Die Demut, die Ich unablässig von dir forderte, blieb dir immer wieder ein schwerer Ballast. Dennoch: sie war das Werkzeug aller Veränderung!

Schließlich habe Ich die Erde gesiebt.

Du erinnerst dich: Immer wieder tauchte in unseren Gesprächen Meine Forderung nach „Hingabe" auf. Ein Wort, das du zunächst nur verständnislos zur Kenntnis genommen hast. Bis du erkanntest, daß Vereinigung mit Mir die Hingabe allen Eigenwillens bedeutet.

Schwer verdaulich.

Aber dir war sehr wohl klar, daß jegliche Zurückhaltung in dieser Beziehung den Gleichklang und die Übereinstimmung mit Meinen Gedanken behindern würde. Du erkanntest Meine große Liebe und – vor allem – Meine große Demut dir gegenüber und hast Vertrauen gefaßt für diesen Schritt.

Danach habe Ich dir die letzte große Frage gestellt auf deinem Weg: „Wirst du auch dann an Meiner Hand bleiben, wenn du scheinbar allen Boden unter deinen Füßen verlierst?"

„Herr, dein für immer und ewig!", hast du geantwortet und noch immer zitterst du ein wenig, wenn du daran denkst, und Ich sehe Tränen in deinen Augen.

Langsam erholst du dich wieder von deinem „Schritt in den Abgrund", wie du es nanntest. Meine Engel haben dich getragen und dich vor Schaden bewahrt.

Langsam fühlst du wieder Boden unter deinen Füßen und erkennst, daß es nun Zeit ist für die Aussaat.

Es sei – es werde!

41. Begegnungen

Zufall gibt es nicht!

Es wäre für manchen von euch einfacher, wenn es ihn gäbe; denn an die Stelle eines willkürlichen Ereignisses rückt so Mein göttliches Gesetz. Nicht von ungefähr.

Stellt euch ein Gitter vor. In bestimmten Abständen kreuzen sich die Linien. Dadurch entstehen Form und Stabilität.

Gesetze haben eine ebensolche Wirkung: Sie verhelfen einer Gemeinschaft zu ihrem Erhalt.

„Nun", mag einer sagen, „Gesetze müssen auch etwas taugen". Sehr richtig! Je näher menschliche Regeln an Meine Gesetze heranreichen, desto stabiler und harmonischer mag das Miteinander erfolgen. Im anderen Fall ist der Untergang einer Gemeinschaft bereits besiegelt.

Nun stellt euch noch einmal besagtes Gitter vor: Es ist euer persönliches Lebensmuster. Jeder Schnittpunkt bedeutet eine menschliche Begegnung.

Nichts ist Zufall, sage Ich. Denn bevor ihr in eine leibliche Hülle eintretet, entscheidet ihr euch in Zusammenarbeit mit euren geistigen Helfern für eben dieses Lebensmuster. Ihr stellt fest, wer einander dienen will und wann und wie ihr einander dienen wollt.

Noch einmal: Ihr wißt bereits vor eurem ersten Atemzug, wem ihr in welcher Weise begegnen werdet!

Das ist hilfreich zu erkennen, denn ihr habt nun die Möglichkeit, vergangene und künftige Begegnungen mit Menschen, die euren Weg kreuzen, unter dem Aspekt der Eigenentscheidung zu betrachten. Für manche von euch eine große Überraschung, nicht wahr?

Begreift, daß ihr einander – unabhängig vom jeweiligen Ergebnis eurer Begegnung – immer dient! Das gilt nicht nur für die angenehmen Resultate menschlicher Beziehungen. Ja, oftmals sucht ihr gerade euer Gegenstück – den Spiegel sozusagen – in dem ihr euch selbst erkennt.

Die Ereignisse aus euren „Schnittpunkten" sind ebenfalls kein Zufall. Jedoch seid ihr hierbei in jedem Augenblick eurer irdischen Existenz frei zu entscheiden, welchen Ausgang euer Zusammentreffen nimmt.

Fülle im Denken – reiche Ernte in den Ergebnissen. Entsprechend aber auch Verstrickungen und schwierige Lebenssituationen. In beiden Fällen bin Ich immer helfend an eurer Seite – jedoch nicht die Ursache eurer Resultate!

Ihr kennt Meinen Standpunkt mittlerweile: Ihr habt die Wahl!

Es ist durchaus üblich, bei „Fehlergebnissen" jeweils der anderen Partei die Schuld zu geben. Benützt diese neuen Einsichten, euren Anteil daran – euer Widerspiegeln – einmal genauer unter die Lupe zu nehmen, besonders in Wiederholungsfällen.

Euer geistiges Konzept heißt: So lange üben, bis es funktioniert. Ein schlichtes, aber wirkungsvolles Prinzip. Begreift eure Mitmenschen als Lebenshilfe, sowohl in bezug auf deren Möglichkeiten als auch ihren Begrenzungen.

Aus diesem Umstand ergeben sich Aufgaben, die ihr mitunter für eure Lebensspanne gewählt habt oder auch solche temporärer Art.

Belaßt es nun nicht mehr bei oberflächlichen Betrachtungen eure Lebensstationen betreffend, sondern erkennt dahinter Meine ewige Ordnung!

42. Hab Ich es doch gewußt

Du weißt, welch wohltuende Wirkung ein Vollbad haben kann.

Die Wärme des Wassers tut Körper und Seele gut; über die Haut können mittels entsprechender Zusätze Schlacken abgebaut und ausgeschieden werden.

Wasser reinigt nicht nur. Es ist vor allem ein Synonym für Leben. Es wirkt in aller erdenklichen Weise.

Es gab einmal eine Zeit auf der Erde, wo sich fast alles Leben im Wasser gestaltet hat.

Das ist lange her, dennoch bleibt dieses Element ein Grundelement des Lebens schlechthin. Ob Pflanze, Tier oder Mensch, bei allen – und nicht darauf beschränkt – besteht ein nicht unwesentlicher Teil aus Wasser.

Und wie glücklich fühlst du dich im See genau in dem Moment, wo du beim Schwimmen ganz eintauchst in dieses Element. Befreit atmest du auf, machst deine Schwimmzüge und fühlst dich als Teil des Ganzen.

Mir ergeht es so, wenn Ich durch Meine Schöpfung wandere: Wir atmen einander ein und aus. Und alles Geschaffene strahlt Meine Herrlichkeit und Allmacht wider. Und dann bewegt sich Mein Denken auf all jene zu, deren Sein und Fühlen noch nicht mit dem Meinen gleichgerichtet ist.

Und Ich sehne Mich nach diesen Geschöpfen; habe Erbarmen, da sie noch nicht an Meiner ewigen Freude Anteil haben und nicht erkennen, was Mein Vaterherz zu teilen bereit ist.

Wolltest du nicht „einsammeln" helfen? Dann zögere nicht länger! Ihr Menschen seid mein verlängerter Arm, Meine Gegenwart in eurer Mitte. Wie sehr werde Ich jeden von euch auffüllen mit Fähigkeiten, die euch euer Verstand in seiner Begrenztheit nicht zugesteht.

Ihr werdet selbst Schöpfer sein. In gewisser Weise seid ihr das bereits jetzt. Doch fließen euch erst Meine Würdigungen zu, werdet ihr grenzenlos.

Haltet alles für möglich. Denn im Augenblick, in dem eure Gedanken Mir zuwandern und ihr euch liebevoll, aus freiem Willen mit Mir, eurem himmlischen Vater, verbindet, entsteht immer ein Neubeginn.

Wenn ein „Teil" sich ins „Ganze" einfügt, dann wird es selbst ein Ganzes! So soll es werden. Dann haben auch all eure Schmerzen ein Ende, denn ihr habt keine schmerzhaften Begrenzungen mehr.

Es ist alles für euch gerichtet – denn Ich habe immer gewußt, daß ihr heimkommen wollt!

43. Ein Ansatz neuer Art

Es gibt bei euch eine Senfsorte, die nennt sich „mittelscharf". Ihr überlegt beim Essen, welche der vielen Sorten zu eurer Speise paßt, denn jede hat ihre ganz besondere Note.

In gleicher Weise verfahre Ich: Ihr wählt für euer Leben eure ganz persönliche Note. So soll es sein!

Die Trägen wählen Wege mit wenig Anstieg, die Mutigen gehen oft neue Wege, und die ganz Entschlossenen entscheiden sich für den direkten Weg.

Und natürlich – wie sollte es auch anders sein – Ich werte nicht.

Alles ist nur eine Frage der Zeit, könnte man in eurer Weise sagen. Denn das Tempo, das ihr vorlegen wollt, bestimmt lediglich Art und Umfang eurer Existenz.

Es wurde euch gelehrt, ihr hättet nur ein Leben; danach käme unweigerlich Mein Gericht über euch: Die Guten ins Töpfchen, die Schlechten in Kröpfchen ... Etwas ernsthafter ausgedrückt, hieß das bis heute für die christliche Kultur: Himmel, Fegefeuer oder Hölle.

Mit dieser strikten Regelung ließ sich beliebig Macht erzeugen und Angst hält Menschen in Schach. Darüber hinaus läßt sich durch alle Zeiten mit Macht und Einfluß das Säckel füllen...

Nur, wo blieb *Ich* dabei?

Aus einem liebenden Vatergott wurde ein engstirniger, zorniger Rachegott gezimmert, denn Tausende von Sünden und Verfehlungen (Ich übertreibe nicht!) wurden entwikkelt, die euch zurückweichen und vor Mir erzittern ließen. Viele von euch zittern bis zum heutigen Tag.

Und wieder einmal sage Ich: Das Maß ist voll! Gebt dem Kaiser, was des Kaisers ist – aber gebt Mir, was Mein ist. Und Mein sind die Menschen, auf deren Kommen Ich in aller Liebe warte!

Wohl bin Ich die Allmacht, die – so sie euch unvorbereitet träfe – euch augenblicklich vergehen ließe, jedoch bin und bleibe Ich zuallererst die immerwährende *Liebe!*

Fragt ihr euch nicht manchmal, wie es um eben diese Liebe stünde, hättet ihr nur eine einzige menschliche Existenz, die über euer Schicksal für alle Ewigkeit entscheiden würde?

Ich sage euch: Ihr habt Chancen, in Mein Licht zu wandern, so oft und wann immer ihr wollt!

Hier gibt es keine Einmalgelegenheit nach dem Motto: "Einsatz verpaßt – alles verloren!" Ihr wählt eine Existenz und euern Weg, dem ihr dann mehr oder weniger deutlich folgt.

Am Ende, wenn ihr euern Körper abgelegt habt, finden sich alle eure Bewußtsein in dem, was ihr Jenseits nennt, wieder zusammen. Ihr beschaut, erkennt, bekennt euch zu eurem Tun – in Freude oder aber im sicheren Bewußsein, euch selbst oder andere behindert zu haben auf dem Weg zu Mir. Das schmerzt, denn ihr erkennt Abweichung.

Die einsichtsvolle Seele übt und lernt dann in jener geistigen Existenz, um die erkannten Ziele zu erreichen. Ein Zustand, den ihr am ehesten mit dem Ausdruck „Fegfeuer" belegen könntet.

Jedoch bedenkt, daß es sich hier um keinen – schon gar nicht von Mir – willkürlich verhängten Zustand handelt, sondern daß euer Schmerz entsteht aus der von euch erkannten Distanz zu Mir. Ein Trennungsschmerz also. Denn Mein göttliches Licht erträgt nur, wer selbst lichtvoll geworden ist!

Die Möglichkeiten für euch, in geistiger Weise zu lernen, sind unbegrenzt und so vielfältig wie Meine Schöpfung selbst.

Macht euch klar, wie sehr es in eurem jetzigen Dasein darauf ankommt, Mich zu finden und liebevoll Meinen Willen zu tun. Übereinstimmung mit Mir aus Liebe schafft jenes Licht in eurer Seele, das euch in Meine Arme treibt und euch den Himmel bereiten wird!

Ich sage euch: Die schönsten, glücklichsten Momente in eurem Leben sind verhangen und trübe verglichen mit der Seligkeit an Meiner Seite. Laßt all eure Bedenken stehen und liegen und richtet euer Denken auf Mich, den Herrn. Und noch einmal: Für Angst ist bei Mir kein Platz!

Ich höre euch natürlich nach der Hölle fragen.

Nun ja, es gibt auch solche unter euch, deren Weg ausschließlich in die Dunkelheit führt. Jeder Schritt, den sie gehen, führt weiter weg von Mir.

Versteht doch: Gottferne, das ist Hölle. Je länger, desto mehr. In der Dunkelheit findet ihr alle Eigenschaften und Verhaltensweisen, die ihr zu recht fürchtet. Diese Menschen schaffen schon zu Lebzeiten Höllenbedingungen.

Wenn sie jedoch ihr irdisches Dasein verlassen, wandern sie in genau diese Welt, die ein Spiegelbild ihres Denkens darstellt. Und alle jene sammeln sich in der selbstgewählten Finsternis. Eigene Entscheidung – freiester Wille! Hölle, auch für euch vorstellbar.

Freiheit der Entscheidung – Leben mit eigener Note und Würze nach Wahl! Begreift euer eigenes Konzept!

44. Meine Wege sind nicht eure Wege

Ihr kennt diesen Satz. Was für ein Gebilde – die menschliche Vorstellung über euren Gott! Dabei wirke Ich in allem und jedem. Weil es jedoch an Einsicht fehlt, entstehen Distanz und Kopfschütteln.

Ich war bei euch als Mensch, habe unter euch gelebt und am Ende gelitten. Kenne eure Gedanken und Sorgen. Weiß, womit ihr tagtäglich kämpft im Alltag. Begreife eure Nöte und Wünsche, euer Hoffen und eure Ängste.

Mit einem Wort: Ich bin in euch, erfasse jede eurer Regungen und jeden eurer Gedanken. Soweit zu Meinem Engagement für euch.

Und nun schaut, wenn Ich darum bitten dürfte, welche Beziehungen umgekehrt bestehen!

Um es landwirtschaftlich auszudrücken: Viel weites Ödland, dazwischen spärlich bewachsene Landschaften, und – Ich atme auf – Landstriche mit saftigem Grün und üppiger Vegetation. Wie gut, daß es sie gibt. Dennoch nicht genug.

Wo Dürre herrscht, fehlt Wasser. Bereits beschrieben als lebenspendende Kraft.

Wenn der Landbesitzer nicht zustimmt, für Bewässerungssysteme zu sorgen, bleibt diese Dürre. Ich kann es dann vielleicht noch regnen lassen, wenn man Mich darum bittet. Aber wie gesagt, ohne tatkräftige Unterstützung des Landeigners geht hier nichts vorwärts.

Und die Landschaften mit spärlicher Vegetation? Leider auch viel zu viele. Das mäßig Interessierte, Halbseidene, meist Vergessene: flüchtige Gedanken an Mich, euern Gott. Rasch wieder verdrängt von den sogenannten Erfordernissen des Alltags. Ein Jammer!

Nehmt diese Bilder als die Landschaften eurer Seelen.

Wollt ihr das wirklich? Dürres, Spärliches? Ich rufe euch, umwerbe euch, lenke eure Aufmerksamkeit auf Mich. Und was tut ihr? Ihr zeigt Mir verächtlich die kalte Schulter oder sichtbares Desinteresse.

Fragt man euch nach den Daten eurer beliebtesten Automarken – die Antworten kommen wie aus der Pistole geschossen. Erkundigt man sich nach dem Börsenbarometer, kommen detaillierte Bewertungen sogenannter Experten. Man könnte euch stundenlang nach euren Vorlieben befragen – Mode, Rezepte, Sport, etc. – immer würde man einen Redeschwall auslösen.

Aber fragt man euch nach Gott, dann verstummen die meisten. Wo bleibt denn euer Expertenwissen zu diesem Thema? Und wieder sehe Ich viele von euch geschäftig davoneilen …

Ihr kennt sie, die Schiffschaukeln am Jahrmarkt. Großer Betrieb, heftiger Ausschlag, dauernde Bewegung, aber: Stillstand der Anlage an Ort und Stelle!
Macht euch das bitteschön bewußt: Wenn Ich komme, um den Betrieb anzuhalten, werdet ihr feststellen müssen, daß

ihr euch in Wirklichkeit keinen Millimeter vorwärts bewegt habt. Manche von euch ein ganzes Leben lang.

Stillstand, sage Ich!

Hofft ihr denn auf Gnade und Barmherzigkeit im Augenblick des Erkennens?

Wie freundlich reagiert ihr denn, wenn eure Sprößlinge den ganzen Nachmittag an den Schularbeiten sitzen, und am Abend müßt ihr feststellen, daß während dieser Zeit nicht eine einzige Aufgabe erledigt wurde? Nehmt ihr eure Kinder dann liebevoll in die Arme und lobt sie für ihr zielstrebiges Arbeiten? Mitnichten!

Ich werde auch sichtbar unzufrieden und entschlossen, immer mehr solcher „Vergnügungsbetriebe" einzustellen.

Ich erwarte euer entschlossenes Eintreten für Mich. Macht Meine Wege zu den euren. Sonst werdet ihr euch verirren!

45. Wasserträger

Es hilft nichts: der Weg führt weiter.

Manchmal bist du müde und denkst, alles wäre schon gesagt. Daß es nicht so ist, weißt du längst. Aber du fühlst die Last, ein „Schreiberling" zu sein, wie du es nennst.

Warum wähle Ich Menschen aus, die Mir in solcher Weise dienen?

Du hast erkannt, daß es mehr von deiner Art gibt. Ein jeder taugt Mir auf seine Weise. Und glaube Mir, einem jeden einzelnen Meiner dienenden Menschenkinder ergeht es wie dir: Sie werden manchmal müde und möchten ihre Arbeit abgeben oder zumindest eine Weile ruhen lassen.

Und Ich sage ruhig und gelassen: Nein.

„Das Schreiben wäre ja nicht so schlimm" sagst du, „wenn es nur nicht immer diese Angst gäbe, nicht zu genügen. Ich weiß über so wenige Dinge Bescheid und unsere Sprache faßt Deine Worte ohnehin nicht". Soweit zu deinen Bedenken.

Ich sehe das anders: Schau einmal zurück in deinem Leben: Sicher, du hast in deinem Beruf gute Arbeit geleistet; warst immer bereit, neue Aufgaben zu lösen und warst deinen Mitmenschen ein zuverlässiger Partner. Aber was wußtest du wirklich? Du hast Fakten erarbeitet, ausgewertet und eingesetzt. Nun gut, und was hat es dir geholfen? Hast du damit auch nur ein göttliches Geheimnis enthüllt in dir?

Welche Voraussetzungen waren denn nötig, damit du Mich hören konntest?

Zuallererst deine große Liebe zu Mir.

Sie schwankte zuweilen, wenn äußere Einflüsse überwogen; aber immer hieltest du deinen Blick auf Mich gerichtet in der Hoffnung auf engste Verbindung mit Mir.

Ich bin mehr und mehr in dein Denken gewandert, vornehmlich nachts, wenn dein Verstand keine Grenzen setzen konnte. Und immer wieder habe Ich dir klargemacht, daß du Mir dabei dienen sollst, diese Welt wieder in ihre göttliche Ordnung zu stellen. Viele Helfer – viele Aufgaben.

Bis du Mich auch am Tag hörtest.

Weißt du noch, wie groß deine Freude war, endlich mit Mir, deinem himmlischen Vater, reden zu können?

Du hörtest nicht auf, Mir alle möglichen Fragen zu stellen und warst glücklich wie ein Kind, dem man ein schönes Spielzeug geschenkt hat.

Und wieder habe Ich dich behutsam weitergeführt – hinein in deine Aufgabe, für die ein ungeheuer großes Maß an Demut erforderlich war.

Ein Wort, das du bis dahin lediglich buchstabieren konntest! Entsprechend oft sah Ich deine Tränen. Sie ähnelten den Schweißperlen bei einem steilen Bergaufstieg. Und immer wieder hieltest du dich für zu begrenzt in deiner Weise.

Wohl wahr, aber damit teilst du das Schicksal der allermeisten Menschen auf diesem Planeten – und siehst du: deshalb taugst du für Meine Zwecke.

Darüber hinaus fürchtest du auf Skepsis zu stoßen, mit dem, was du niederschreibst. Natürlich wirst du das.

Aber Ich sehe tiefer, Ich sehe weiter, Ich sehe für die Ewigkeit! Was sollte dich dann noch beunruhigen? Für die Begrenzungen anderer bist du nicht zuständig. Dehne dein Denken, so oft du selbst an eigene Grenzen stößt – mehr erwarte Ich nicht von dir. Denn das ist schon genug.

Ich liebe dich für deine Arbeit mit Mir. Wir sind ein gutes Team. Mache dir um nichts Sorgen!

46. Wunder

Eine Droge für manche Menschen.

„Ja", sagen jene, „dann wäre der Glaube an Gott schon einfacher. Aber so?".
Es steht geschrieben: „ ... und es geschehen viele Zeichen und Wunder". Natürlich, sage Ich.

Eure Natur ist ein einziges großes Wunder. Gesetze von allergrößter Feinheit halten sie am Wirken. Schon ein Wunder an sich. Die meisten von euch nehmen dies einfach gelassen hin und bezeichnen dieses Geschehen eben als „Naturgesetze".

Ein noch größeres Wunder ist es, daß diese eure Erde nicht längst schon zerborsten ist, auch wenn es bereits in allen Fugen kracht. Dies verdankt ihr ausschließlich euren fein- und feinststofflichen Helfern, die über euren Planeten wachen.

Euer Verdienst ist das sicher nicht. Denn auf zwei von euch, die aktiv eure Lage verbessern, trifft mindestens die doppelte Anzahl jener, die tatkräftig ausbeuten und zerstören – in teilweise unvorstellbarem Ausmaß. Denkt beispielsweise nur an die konsequente Rodung eurer Regenwälder!

Würdet ihr im Privatleben die Lösung eines wichtigen Problems in die Hände eines Menschen geben, der ausschließlich im eigenen Interesse handelt und das, ohne die Folgen daraus zu begreifen?

„Niemals", sagt ihr, „was kame dabei heraus? Der Schaden wäre hinterher noch größer!". Und ihr habt recht. Nur, in wesentlichen Belangen eures Planeten Erde handelt ihr genauso und nicht anders.

Wenige von euch sind aufgewacht und werden aufmerksam, zum Teil auch tätig.
Die meisten von euch prüfen lediglich die unmittelbaren Auswirkungen auf ihr kleines, privates Sein. Werden keine Ausläufer für sie direkt spürbar, schlafen sie seelenruhig wieder ein.

Nicht so diejenigen, die ihre massiven Vorteile aus eurer Schläfrigkeit ziehen! Ob Ausbeutung der Menschen oder der Natur – immer bringt sie für den Verursacher kurzfristige, wenn auch der Höhe nach fast unbegrenzte Gewinne. Auf die Gemeinschaft wartet dafür der globale Schaden.

Stolz bezeichnen sich manche als „Global Player" in eurer Zeit. Den Globus mutwillig verspielen, nenne Ich es! Und „global" sind jene Interessen ohnehin nur in bezug auf das Ausmaß ihrer Vereinnahmung.

Ihr habt eine große Anzahl von Organisationen gebildet, die eure fundamentalen Interessen schützen sollen.

Zwar sind auch hier viele zum Selbstläufer in Sachen Eigennutzen geworden, dennoch bleiben euch noch genügend „Plattformen", eure Grundbedürfnisse – vorrangig den Schutz des Lebens und der Natur – unverzichtbar festzuschreiben. Liegen euch diese am Herzen, erkennt ihr ganz sicher gegenläufige Absichten und Handlungen, und ihr könnt sichtbar einwirken.

Haltet euch jedoch frei von Zuwendungen aller Art, die

über die Entlohnung eurer Arbeit hinausgehen. Ihr verstrickt euch nur darin, verliert die Sicht und die Freiheit eurer Entscheidung. Damit werdet ihr lediglich zum Rädchen im Getriebe der Zerstörung.

Vergebt einander, denn es wird eine Zeit kommen, da das Ausmaß der Ausbeutung für alle sichtbar wird und von allen wieder Meine Ordnung hergestellt werden muß.

Ich hoffe auf eure Einsicht – vielleicht auch dies ein Wunder?

47. *Es macht Mir Freude, euch zu heilen*

Ich weiß, es gibt Krankenhäuser, in denen man sich redlich bemüht, Menschen zu heilen. Das ist gut so.

Der feine, aber wesentliche Unterschied zwischen Meiner und eurer Heilung liegt in der Verarbeitung der Ursachen: Blickt ihr auf das *Ergebnis* einer Erkrankung, komme Ich zu dem Schluß, daß hierbei die *Entstehung* der weitaus wichtigere Teil ist.

Es ist nicht so, daß euch dieser Gedanke fremd ist, doch spiegeln sich in eurem Denken fast ausschließlich äußere Ereignisse wider, die in ihrem Ergebnis Krankheit bedeuten.

Manche von euch haben bereits die Seele im Visier und liegen damit goldrichtig.

Ihr wißt bereits um das Vorhandensein eines Lebenskonzepts für eure irdische Existenz: Aus einem großen Spektrum von Möglichkeiten wählt ihr diejenigen aus, die zur Erreichung eures Lebenszieles vonnöten sind.

Das genügt jedoch noch nicht; denn immer auch bedarf es während eures irdischen Seins der *bewußten Einwilligung* zu eurer nach geistigem Gesetz getroffenen Entscheidung! Und dies ist schwierig.

Denn kaum erfaßt der Mensch, welche Hürden er zu nehmen hat, entsteht nicht selten Bewegung in die entgegengesetzte Richtung. Dadurch entwickeln sich Belastungen vielfältiger Art; denn die *Lösung* der Probleme liegt eurer

Meinung nach immer nur in ihrer *Auflösung*. Das mag für viele eurer täglichen Aufgaben zutreffen.

Dennoch gibt es Herausforderungen, die euch über längere Strecken hin begleiten können und sollen. Das ergibt sich aus euren Lektionen, die ihr bewältigen sollt.

Nehmt ihr diese an, entsteht Wachstum der Seele. Seid ihr dazu nicht bereit, schwächt euch der Kraftaufwand, der dann für die zahlreichen Versuche erforderlich ist, diese Hindernisse zu beseitigen.

In der Folge fühlt ihr Ohnmacht gegenüber eurem Schicksal und empfindet euch als Opfer. Dadurch entwickeln sich Disharmonien und am Ende Krankheit.

Unter allem steht das nicht Erkennen wollen – *über allem* steht Meine Liebe, euch wieder zurückzuholen in Meine Arme.

Und wie steht's nun mit der Heilung? Es ist völlig in Ordnung, so ihr euch auf äußere Merkmale konzentriert. Dennoch laßt diesen Aspekt der Disharmonie zwischen gewähltem und gelebtem Weg nicht aus den Augen.

Besonders eure sogenannten „Geisteskranken" bedürfen der Annäherung an das Prinzip der Harmonisierung von Geist/Seele einerseits und ihren oft schon „getrennt lebenden" Körpern andererseits.

In diesem Zusammenhang sei darauf verwiesen, daß „leere Häuser" nicht selten „Hausbesetzer" anlocken; demzufolge jene Patienten durchaus als multiple Persönlichkeiten zu behandeln sind. Ihr erkennt das weite Spektrum Meiner Therapieansätze.

Bewegt euer Denken und werdet Vertreter Meiner Fakultät!

48. Täter und Opfer

Es ist Mir durchaus klar, daß ihr in euren Säuglingen nur die reinste Unschuld entdeckt. In gewisser Hinsicht trifft dies zu, da ein solch kleines Kind in seiner Weise noch nicht handlungsfähig ist.

Dennoch: Erkennt ihr aus jedem Saatkorn auch schon die entwickelte Pflanze?

Ihr bekommt eure Kleinen in die Arme gelegt und seid voll Fürsorge und Hingabe an diese Wesen. Die besten Vorsätze begleiten euch, und nicht selten befinden sich alle eure Pläne für die künftige Erziehung einschließlich der dazugehörigen Ergebnisse sehr detailliert in euren Vorstellungen.

Darin liegt bereits der Grundstein zum Kummer!

Wohl haben euch diese Geschöpfe als ihre Eltern ausgewählt, dennoch werden sie dadurch niemals zu eurem geistigen Eigentum! Das behaltet in eurem Denken.

Sie sind so eigenständig und so individuell wie ihr es selbst seid und das meist auch ganz selbstverständlich für *euch* gefordert habt.

Die Seele, das „Kind" also, sucht sich lediglich passende Bedingungen für ihr Lebenskonzept und meistens ist es in erster Linie die Aufgabe der Eltern, diese zu ermöglichen. Die Feinsinnigeren unter euch ahnen schon, daß es sich hierbei um Überschneidungen der Aufgaben und Ziele handelt.

Ein Übereinkommen zwischen Eltern und Kind, dies zu bewerkstelligen, ist die reifste Form, eure Kinder zu erziehen.

Daneben gibt es noch andere: In manchen Eltern/Kind-Beziehungen ist der größte gemeinsame Nenner der biologische Vorgang der Geburt. Danach beginnen bereits Lieblosigkeit und Dissonanzen.

Forscht man nach der Liebe zum Zeitpunkt der Zeugung, ist oft nur ein mattes Glimmen erkennbar oder das Einzeugen eines neuen Lebens erfolgt sogar in völliger Dunkelheit. Die Frucht daraus ist entsprechend.

Solch lichtferne Seelen haben es dann sehr schwer, in eurer materiellen Welt einen Weg zu finden, der nicht im Absturz endet.

Magerste Ausstattung (gemäß eigener Entscheidung) und kalte, lieblose Umgebung lassen kleine Opfer dann oft zu großen Tätern werden, die für eure Gesellschaft durchaus eine Belastung darstellen.

Belaßt es nicht mehr bei der Verurteilung solcher Menschenkinder, sondern erkennt weitreichende Zusammenhänge.

Die vorgeburtlichen Ereignisse sind schwerwiegend, jedoch könnte in vielen Fällen durch liebevolle Fürsorge, durch Verstehen und Einbinden in eure menschliche Gemeinschaft eine solche Seele statt an den Absturz auf den Weg des heller werdenden Erkennens gebracht werden.

Bedenkt, am Anfang eines Übeltäters steht ein hilfloses Kind! Es ist an euch, aus dieser Erkenntnis heraus Schaden für alle abzuwenden.

49. Meine Zeichen am Himmel werdet ihr erkennen

Du weißt, Ich bin immer für dich da.

Du hältst Meine Hand und befindest dich in Welten, die dein äußerer Verstand niemals erkennen würde. Das läßt in dir oft ein Gefühl von Wirkungslosigkeit entstehen. Dem ist nicht so. Wohl aber werde Ich dir damit dienen, alle deine Sinne – Ich betone: alle deine Sinne – so sehr mit Meinem göttlichen Licht zu durchfluten, daß du alle Vertrautheit, alles Gewohnte im Umgang mit ihnen verlieren wirst!

Ich verändere dich und andere durch Meinen göttlichen Willen.

Erinnerst du dich noch, als du im Traum den tödlichen Wellen entkamst, in Meine weit ausgebreiteten Arme liefst und im Anschluß daran den Urgewalten des Meeres gebieten konntest? Du hast deine Arme ausgestreckt und den Wellen Ruhe geboten und sie haben dir gehorcht.

Tief beeindruckt warst du damals. Und noch heute weckt die Erinnerung an diese Bilder der Nacht tiefstes Vertrauen in dir, denn dir war sehr wohl klar, daß diese Kraft einzig aus Mir entstand, während du Mich liebevoll umarmtest.

Keine Gewalt dieser Erde wird dich mehr fortreißen können. Und in Demut sollt ihr gebieten über eure Mutter Erde. Sie wird euch dienen und euch Heimat sein, ganz nahe bei Mir.

Bis dahin werden noch Sterne vom Himmel fallen und euer Denken wird reifen.

Je mehr ihr bereit seid, euch und eure Gedanken Mir wieder zuzuwenden, desto weniger Kraft wird erforderlich sein, euch nach Meiner Ordnung gleichzurichten. „Gleichrichten" bedeutet, alles Unbewegliche und Starre in euch zu lösen und für eure Ausrichtung auf Mich zu sorgen.

Damit steht einem mehr oder weniger raschen Wachstum in andere Dimensionen nichts mehr im Wege.

Nützt jeden liebevollen Gedanken an Mich, baut damit eure ewige Heimstatt, auf daß ihr gelassen und vertrauensvoll bleibt, wenn Meine deutlichen Veränderungen sichtbar in euer Leben einwirken.

Meine Zeichen am Himmel werdet ihr erkennen. Und es wird kein Zweifel sein, daß Ich komme, um zu richten.

Ich sichte unter euch, trenne die Spreu vom Weizen, werde fortnehmen von der Erde, was nicht tauglich ist für Meine künftige Pflanzschule und die neue Saat aussäen im Wissen um eine gute Ernte.

Gebt einander Meinen Frieden, teilt euer Hab und Gut und wandert so oft ihr könnt zu Mir hin. Jeden eurer liebevollen Gedanken wiege Ich euch mit himmlischem Gold auf, und eure Veränderung wird sichtbar werden. Verzichtet freiwillig auf manchen Luxus, dann werdet ihr leichter entbehren.

Rüstet euch in Liebe!

50. Wandere wieder ein Stück mit Mir

„Gleiches mit Gleichem vergelten", so sagst du, „bringt keinen Fortschritt. Das führt immer wieder nur zu Gegenreaktionen. Und davon hast du langsam die Nase voll...".

Gut. Es ist nur so, daß ihr euch täglich dieser Methode bedient; in vielen Fällen, ohne euch darüber bewußt zu werden.

Was läuft schief? Denn Schieflagen entstehen nun mal mit eingeengten Sichtweisen.

Du bindest dir manchmal selbst einen Bären auf, wenn du davon ausgehst, daß „reine", also höher entwickelte Verhaltensweisen im Alltag nicht so leicht möglich sind. Das mag sich vielleicht überzeugend anhören, ist es aber nicht. Denn der Sprung in Verhaltensweisen mit göttlicher Natur ist kein besonderer.

Du glaubst Mir nicht? Ich will es dir erklären. Die Redeweisen, die ihr führt: ... da kann man nichts machen ... das hätte jedem passieren können ... das läßt sich schon irgendwie hinbiegen ..., nur um einige zu nennen, haben alle etwas gemeinsam: die Resignation!
Diese hat die einzige Funktion, den Fortschritt – vor allem eure Fortentwicklung – aufzuhalten. Dieses Mittel taugt nicht länger für euer Leben. Ich will es nicht mehr haben!

Du bereitest dich darauf vor, daß sich vieles in deiner äußeren Existenz ändern wird. Du fühlst es ganz deutlich. Dennoch hältst du immer wieder einen „Plan B" bereit, auf den du nötigenfalls zurückgreifen kannst.

Resignation, sage Ich. Denn nichts, aber auch gar nichts führt dich zu Plan B, wenn du es nicht selbst möchtest.

„Man kann ja nie wissen", sagst du. Stimmt, bei euch Menschen kann man wirklich nicht wissen …

Wähle deinen Weg in Freude, sagte Ich anfangs, und du fingst an, dieses Buch Wirklichkeit werden zu lassen. Und es ist gut so. Also keine Ersatzlösungen mehr.

„Ich trau mich nicht … Ich glaub's einfach nicht … Warum sollte ausgerechnet ich so gut wegkommen, etc. – alles Einschränkungen eures Denkens, die Mir ein Grauen sind:

Trefft eure Entscheidungen nach gründlicher Überlegung mit Mir zusammen; faßt Mut zur Durchführung, bittet um Meinen Segen und dann marschiert los. Nichts kann euch dann mehr aufhalten – nur eure eigene Furcht oder Resignation.

Gleicht euer Denken dem Meinen an. Forscht hierfür nach Meinem Willen, der immer nur liebevoll das Beste für euch wünscht – aber danach geht euren Weg, sicher und zielgerichtet.

Dann hebt sich euer Denken, eure Möglichkeiten wachsen sprunghaft an. Euer Leben wird spannend sein und voll Freude – denn Ich weiß, was es heißt: Gleiches mit Gleichem zu vergelten!

Setzt euch in Bewegung.

51. Keine besonderen Vorkommnisse

Eine Meldung aus Kriegszeiten. Sie hatte für die Soldaten etwas Beruhigendes. Waren doch besondere Vorkommnisse immer mit Bedrohung oder Zerstörung verbunden für die Schwächeren. Und schwach waren alle Beteiligten. Wer konnte schon wirklich gewinnen bei diesem Debakel?

Du hältst die Zeit für gekommen, allen Formen militärischer Auseinandersetzung endgültig den Garaus zu machen. Du meinst, das Bewußtsein der Menschheit hätte sich verändert; man ließe sich Entscheidungen für Kriege über die Köpfe der Menschen hinweg nicht mehr so einfach gefallen.

Das hört sich gut an, dauert aber noch eine Weile.

Ich weiß, du wolltest etwas Anderes hören. Ich auch. Trotzdem liegen in der deutlichen Macht militärischer Ausstattung immer noch große Gefahren. Du sagst oft „was vorhanden ist an Waffen, das kommt auch leicht zum Einsatz". Und damit liegst du schon richtig.

Eine Massenproduktion ausgeklügelter Waffensysteme geht in jedem Augenblick durch den Fertigungsprozeß.
Vieles davon so geheim, daß oft Teile von Regierungen keinen Schimmer von diesen Vorgängen haben. Ein „Schattenkabinett" sorgt dann für Tatsachen.

Die Haare würden euch zu Berge stehen, würdet ihr das ganze Waffenarsenal auf eurem Planeten überschauen können. Staunen und Entsetzen in bezug auf ihre todbringenden Funktionen hielten euch dabei abwechselnd in Atem.

Dabei ist noch kein Ende abzusehen, denn der Rubel rollt!

Und euer Schicksal oder Wohlergehen ist für jene Auftraggeber völlig bedeutungslos. Ihr seid ausschließlich wertvoll für Testzwecke an den Systemen. Ihr könnt euch freuen, denn euer daraus entstehendes Leid wäre für die Konstrukteure sehr aufschlußreich …

Ich habe eure Gefühle mit dieser Feststellung nicht verletzen wollen. Meine Absicht war, euch deutlich zu machen, in wessen Hände ihr euer Schicksal gelegt habt:

Mit euren Entscheidungen habt ihr Tatsachen geschaffen. Regierungen installiert, die oft ausschließlich in ihre eigenen Taschen wirtschaften – mit großem Erfolg übrigens – und ihr habt Systeme erdacht, die turnusmäßig immer wieder neue, im Ansatz gleiche Auswirkungen in die Wege leiten.

Es geht Mir nicht darum, eure Wahlsysteme zu kritisieren, denn ihr wart redlich bemüht, „Volksherrschaft" zu praktizieren. Aber ihr habt und werdet es in eurer Weise nicht vermeiden können, daß korrupte Verwachsungen eure Systeme überwuchern!

Ihr habt entweder die Möglichkeit, über Nacht zu Heiligen, d.h. zu Geheilten zu werden – was Ich bezweifle – oder aber wieder einmal bittend eure Hände zu Mir zu heben, um die Auflösung eurer Verstrickungen in die Wege zu leiten.

Habt den Mut, euer Schicksal in Meine Hände zu legen und korrigiert damit eure Irrtümer. Kommt und betet, solange ihr noch klar erkennt.

52. Wagemut

Ich weiß wohl, daß deine Fürsorge groß ist. Aber manchmal hat sie Grenzen. Nämlich dann, wenn dich die Angst einholt. Darüber hinaus bietest du Angriffsfläche, wenn du dir deiner Sache nicht mehr sicher bist.

Scheu wirst du zuweilen, wenn Menschen auf dich zugehen. Du möchtest niemandem ein Umdenken aufdrängen. Je zurückhaltender sich dein Gegenüber verhält, desto vorsichtiger wirst du. Ich habe dafür Verständnis.

Aber glaube Mir, der Nutzen einer jeden Fürsorge – sei es durch ein Gespräch, eine Umarmung, die Hinwendung an einen suchenden Menschen – liegt immer im Zugewinn an Einsichten. Und nicht du bist es, der dieses im andern bewerkstelligt, sondern einzig Ich. Von dir brauche Ich nur Bereitschaft.

Soweit zu deiner Zurückhaltung.

Daneben gibt es noch andere Verhaltensweisen Meiner Menschenkinder, die Ich deutlich kommentieren möchte: den Anstand beispielsweise.

Es gibt bei euch drei Möglichkeiten dafür: Das nicht Vorhandensein, die bloße Form und Anstand aufgrund anstehender Einsichten.

Du verfügst über die beiden letzteren. Wobei Ich dir sagen muß, daß Anstand der äußeren Form ohne Wirkung nach innen bleibt.

„Ich habe nun mal mein Herz nicht für jeden Menschen gleich offen", stellst du fest und willst Mir damit sagen, daß du von deiner Unterscheidung nicht abrücken möchtest.

Begreife: Dieses Verhalten bringt euch nicht weiter – niemanden von euch.

Ich nenne dir ein Beispiel: Du hast heute morgen Blumenzwiebeln für deinen Garten als Geschenk angeboten bekommen und dankend abgelehnt. Der Form nach korrekt und freundlich. Aber hast du dabei einen Moment lang dein Inneres bewegt?

Erfordert es nicht Demut, an deiner Haustüre zu läuten und ein Geschenk anzubieten? Ja, sogar ein „nein, danke" anzunehmen? Wäre statt der einwandfreien Form nicht liebevolle Dankbarkeit angemessen gewesen?

Und siehst du, damit wäre bereits Bewegung nach innen entstanden; einem Lichtstrahl gleich, auf dem Ich neue Einsichten – also Wachstum – hätte transportieren können. Bei allen Beteiligten!

Und nun erkennst du einen deutlichen Unterschied zwischen formellem Anstand und solchem, der aus dem Herzen kommt, nicht wahr?

Wann immer ihr in euren täglichen Begegnungen aus dem anständigen Verhalten anderer Fürsorge erkennt, sollt ihr euch darüber in Meiner Weise bewußt werden, und Ich mache euch diese Einsichten zum Geschenk auf dem Weg zum Wandel in ein liebevolles Miteinander.

Ich sehe den Tag kommen, an dem ihr verwundert auf

euer heutiges, grobkörniges Denken zurückblickt, während
ihr dankbar und in Freude neue Wege beschreitet.

53. Wandervögel

Du wirst erstaunt sein zu hören, daß du mit jeder Seite deines Buches gleichzeitig an deinem Buch des Lebens schreibst.

Das verhält sich wie mit einer Chronik: Die laufenden Bilder eines Alltags werden zu festgeschriebenen Worten einer Zusammenfassung. Ergänzt wird diese Chronik durch die Einwirkung in euer Sein. Das gibt euren Bildern Tiefe – Mehrdimensionalität.

Du rufst nach Mir, wenn du Meine Hilfe brauchst. Dann öffnen sich Schleusen, und dein Denken wird mit göttlicher Energie durchflutet. Deine Gedanken werden heller, leichter und geschmeidiger. Du triffst deine nachfolgenden Entscheidungen auf einer veränderten, angehobenen Ebene.

„Es stört mich nicht, daß wir so langsam vorwärts kommen," sagst du, „aber der greifbare Durchsatz deiner göttlichen Einwirkungen sollte eigentlich erheblich deutlicher sein. Das gehört sich so, wenn die Nähe zu Gott sichtbar geworden ist."

Da raffst du mal wieder wenige deiner Einsichten zusammen: *Ich bin* in euren Gedanken, wenn ihr es nur wollt. Dann habt doch auch Vertrauen, daß eure Entscheidungen Meinem göttlichen Willen entsprechen!

Das Ergebnis wäre nicht immer danach, meinst du? Bedenke, daß ihr eine Leiter immer nur sprossenweise hochklettert. Das ist sicher und führt auch zum Ziel.

Ihr wendet euch immer wieder mit der Bitte um Lösungen an Mich; das entspricht dem Ende der Leiter.

Das Geheimnis eures Erfolges liegt ausschließlich in der Verbindung, die ihr mit Mir, eurem himmlischen Vater eingeht. So ihr danach eure Entscheidungen fällt, sind sie mit *Mir* getroffen und dann fürchtet keinen Schaden mehr.

Euer Lebensziel ist ohnehin, die Schnittstelle zu Mir wieder zu öffnen, die über unvorstellbar lange Zeiträume für euch zumeist im Nebel lag. Ihr habt erneut begonnen, eure Geschichte – das ist, um es genau zu sagen, Meine Geschichte mit euch – neu zu schreiben. Dahinter beginnt schon die Ewigkeit.

Laßt euch doch die paar Sprossen eurer Leiter ruhig gefallen. Das Ziel – die Wiedervereinigung mit Mir – ist so groß, daß jede Seite eures jetzigen Lebens ein unermeßliches Geschenk für euch darstellt.

Verbanne nie den Gedanken an Bewegung aus deinem Denken: Ein Baum wiegt sich sanft im Wind, und der Tag wächst groß heran, an dem er beladen mit Früchten vor euch steht. Geduld ist sein Prinzip und die Hingabe an Meine göttliche Ordnung.

Wanderer seid ihr auf Erden. Darüber hinaus nährt euer Denken aus der Perspektive des Zugvogels und ihr lernt, die ewigen Gesetze von Bestand und Wandel in Meiner Weise in Einklang zu bringen!

54. Die Losung heißt „Separatismus"

Klingt gut in deinen Ohren, nicht wahr? Du hegst Sympathie für Separatisten. Sie symbolisieren für dich die Freiheit des Denkens und die eigenständig gewählte Existenz.

Ein Stück Anarchie, also. Oder habe Ich dich etwa mißverstanden, als du Mir erklärtest, in der Stromlinienform liege die Auflösung jeglicher Individualität?

Du liebst den Vergleich mit dem Wildpferd: Es braucht den Freiraum für seine Lebensweise. Als Ich dir nahelegte, auch diese Pferde mit der Herde zu vereinen, hast du nur widerwillig zugestimmt.

„Man solle doch solch einem Pferd nicht verübeln, wenn es unter diesen Umständen hin und wieder über die Zäune der Koppel springt; denn das entspräche einfach seiner Natur. Es mag dann ja immer wieder freiwillig in die Gemeinschaft zurückkehren." Soweit zu deiner Philosophie.

Warum glaubst du denn, ist ein Wildpferd ein Wildpferd? Zufall vielleicht? Das Thema haben wir wohl schon erledigt. Also Gesetz. Wessen Gesetz? Meines?

Ich will dir etwas sagen, Mein Kind: Deine Widerspenstigkeit vielen Meiner Einwirkungen gegenüber – du erinnerst dich noch gut daran – ist auch der Grund für die Existenz von Wildpferden!

Sie scheuen die Regeln der Gemeinschaft, weil die eigenen Gedanken damit nicht vereinbar sind. Das hält sie nachhaltig von der Gemeinschaft fern. Ihr Glaube ist das Vertrauen in die eigene Stärke, das eigene Augenmaß und – ja durchaus, ein angeborener Stolz, der ihre Eigengesetzlichkeit von Anfang an entwickelt.

Separatisten als Helden Meiner Schöpfung? Mitnichten.

Das Einfügen in Meine Ordnung – und darum geht es hier letztlich – ist göttliches Gesetz. Unverrückbar.
Jedes Ausscheren, demzufolge auch jedes Ausscheren aus menschlicher Gemeinschaft, ist Eigengesetzlichkeit. Daran gibt es nichts zu rütteln.

Du hältst Mir entgegen, daß nicht alle menschlichen Gemeinschaften unterstützenswert sind. Nun gut.

Der Weg in die Verbesserung erfolgt jedoch keinesfalls durch Abtrennung. Im Gegenteil: *Die Wirksamkeit Meiner Gesetze erhöht sich durch deren Verdichtung!*

Ich sehe, du erkennst, Mein Kind. Wenn auch noch ohne Freude. Wir werden ein andermal darüber weitersprechen.

55. Aus dem kleinen Buch der Weisheiten

Schlag es ruhig auf, denn du hast bereits darin gelesen.

„Werdet Mein für immer", eine Aufforderung, die Ich schon mehrmals an Meine Menschenkinder gerichtet habe.

Ihr Menschen habt einen besonderen Status unter allen Meinen Geschöpfen. Euch allein ist das Privileg gegeben, *Meine Kinder* zu werden. Was bedeutet das?

Ihr lebt in der Schattenwelt des nicht Wissens. Im Gegensatz dazu leben „wissende Wesen" in Dimensionen der sichtbaren Anwendung Meiner Gesetze.

Ihr habt mit eurer Einkörperung auf diesem Planeten Erde ganz bewußt auf dieses Wissen verzichtet. Denn ihr wolltet euch klar werden, was es heißt, ohne diese deutliche Unterstützung zu leben. Daraus entwickeln sich Existenzen, wie ihr sie kennt.

Dadurch ergibt sich aber auch die *freiwillige* Hinwendung auf die Suche nach Mir: losgelöst von sichtbarem Erkennen – unwissend eben.
Freiwillige Hinwendung, sage Ich. Darin liegt das Besondere für immer und ewig!

Im Hause Meines Vaters sind viele Wohnungen. Ihr wißt, wie unterschiedlich Wohnungen sein können. Dazu bedarf es keiner weiteren Erklärung. Die Art eurer Behausung wählt ihr selbst.

Ich gebe euch ein Beispiel:

Ein Wanderer, auf der Suche nach einer Bleibe, kommt an ein prachtvolles Haus.

Er erhält die Einladung, dieses Haus in seinen Besitz zu nehmen. Er lebt darin, sorglos und in Freude.

Mit der Zeit jedoch wächst in ihm der Wunsch, seinen Gönner – den Hausherrn – persönlich zu Gesicht zu bekommen, um ihm zu danken.

Er verläßt also das wohlbestückte Haus und macht sich auf die Suche. Für viele ein weiter Weg.

In manchen aber brennt der Wunsch, den Herrn zu erkennen, so stark, daß sie auf ihrem Weg Erleuchtung finden.

Jene folgen zielgerichtet dem Licht, das ihnen für diesen Weg geschenkt wurde. Sie erreichen überglücklich ihr Ziel, um fortan für immer und ewig in der Gemeinschaft mit dem Allerhöchsten zu leben!

Erkennt, wer ihr seid: Wanderer auf dem Weg in Mein Herz!

56. Es gibt was Neues

Eine Creme gegen Falten suchst du. Sie stören dich und du richtest deine Aufmerksamkeit mißmutig auf sie.

Ich denke, du freust dich, wenn Ich dir sage: Sie müßten nicht sein. Aber warum können diese Falten dann kaum verhindert werden?

„Abbau", sagst du, „trifft jeden. Den einen früher, den andern später. Ich wäre gerne bei den Späteren".

Außerdem unterscheidest du noch zwischen Kummerfalten und Lachfalten. Letztere würden ein Gesicht nicht wirklich älter aussehen lassen, weil Lachen etwas Schönes ist ... Dem kann Ich auch zustimmen.

„Bei den Kummerfalten hört der Spaß auf", findest du, „da helfen nun mal keine Cremes!" Hier stimme Ich nur bedingt zu. Du erinnerst dich an unsere Gedanken bezüglich der Bestimmung von Pflanzen. Hier gibt es noch unerforschte Substanzen, die durchaus nachhaltige Veränderung bewirken werden. Dennoch – es wäre nur eine Einwirkung von außen. Es gibt noch Mittel, die tiefgreifender wirken – nämlich *von innen nach außen!*

Höre Ich Zweifel? Oh doch, genau das will Ich sagen: Sie lassen sich durchaus glätten!

Du stimmst mit Mir überein, daß Falten sichtbar (tiefer) werden, wenn Kummer, Angst, Leid oder ähnliches sie nähren. Warum sollte dieser Prozeß nicht wieder umkehrbar sein?

„Märchenstunde", meinst du? Ganz und gar nicht. Nicht umsonst hattest du immer besonderes Verständnis für einen Meiner Apostel, der als „ungläubiger Thomas" bekannt wurde ...

Es geht hier nicht darum, die sich bedingenden biologischen Vorgänge detailliert zu beschreiben – es beträfe ohnehin nur die Wirkung. Es geht darum, dir zu versichern, daß Gefühle sichtbar körperliche Reaktionen und damit Veränderungen zur Folge haben:

Liegt Freude in der Seele, überträgt sich Spannkraft in euern Körper. Ist eure Seele bedrückt, wandern entsprechend belastete Energien von Resignation, Müdigkeit, Trägheit etc. in eure Körperzellen und bewirken u. a. die Verminderung der Spannkraft eurer Haut.

Diese Prozesse sind auf natürliche Weise umkehrbar, wenn auch aufgrund eurer jetzigen Möglichkeiten noch in begrenztem Umfang.

Du siehst also, es lohnt sich, gespannt in die Zukunft zu blicken!

57. Tierliebe

Du begreifst schnell, wenn es darum geht, entwicklungsbedingte Behinderungen zu erkennen, die euch scheinbar das Leben schwer machen.

Noch einmal zum besseren Verständnis: Die äußeren Hürden nehmen, heißt geistige Hindernisse aus dem Weg räumen. Fortschritt statt Hemmnisse!

Du kennst die Balancestange des Seilkünstlers. Ganz ähnlich wirkt dieses Prinzip auf euer inneres Gleichgewicht.

Nun steht nicht nur der Mensch bereit zu lernen. Auch eure Tiere tragen diese Bereitschaft in sich, wenn auch in abgewandelter Form.

Nehmt einmal die euch am nächsten stehenden Tiere, die Haustiere, unter die Lupe: Betrachtet ihre verschiedenen Schicksale, die unterschiedlichen Aufgaben und natürlich auch ihre Lernbereitschaft.

Fast könnte man Parallelen zum Menschen ziehen, nicht wahr? Sie spiegeln in der ihnen eigenen Weise eure Liebe wider, erwarten gefüllte Fressnäpfe und teilen bis zu einem gewissen Grad eure Gewohnheiten. Das macht sie euch so liebenswert.

Ihr lehrt sie bestimmte Verhaltensweisen und unterbindet andere. Sie tragen eure Entscheidungen mit – oder auch nicht! Und hier erkennt ihr bereits wieder ein Stück Schicksalsgemeinschaft.

Seid bereit – wie Ich es tue – euren Tieren zu dienen. Sie brauchen wie ihr Geduld und Verständnis zum Lernen. Brecht nicht ihren Willen, sondern stärkt und begleitet sie auf ihre Art und Weise.

Auch eure Tiere nehmen ihre Lektionen nach dem äußeren Ableben mit sich und setzen damit ihren Weg fort; mit jeweils einer Bestimmung und äußeren Form, die ihrer fortschreitenden Entwicklung angepaßt ist.

Begreift: Nichts und niemand fällt aus Meinem Netz! Von Ewigkeit her erkannt – für die Ewigkeit vorbestimmt!
Betrachtet die Tiere als beseelte Wesen – wo Liebe und Empfinden ist, da bin auch Ich. Achtet sie und umsorgt sie.

Auch eure sogenannten „Nutztiere" verdienen eure einwandfreie Pflege und Fürsorge. Sie dienen euch ganz offensichtlich für eure Zwecke – oft quält ihr sie dafür.

Eure Tiere sind Teil der Schöpfungsgeschichte und damit Teil eures eigenen Schicksals! Die Art und Weise, wie ihr mit ihnen umgeht, fällt unweigerlich auf euch selbst zurück.

Noch einmal: *Euer Schicksal und jenes der Tiere bleiben unmittelbar miteinander verknüpft!*

Fügt ihr also Leid zu, entsteht größeres Leid für alle; denn jede einzelne solcher Handlungen wirkt unmittelbar zurück in eure menschliche Gemeinschaft. Seid ihr andererseits voll Liebe, verdichtet sich auch diese Energie und hilft euch dabei, „heil" zu werden.
Prüft euer Verhalten unter diesen Umständen sorgfältig. Ich bin sicher, es gibt viel zu ändern!

58. Die neue Zeit

Die Kräfte sammeln sich und bilden einen breiten Strom. Diesem Strom entsteigen: Umwandlung im Geiste – Austausch der Gesetze – Entwicklung in Meiner Weise.

Du versuchst Meine Worte mit deinen Inhalten zu füllen. Das wird dir nicht gelingen.

„Du trägst dazu bei", sagte Ich einmal, „und mit dir viele deiner Art, diesen Strom zum Fließen zu bringen". Und er hat gewaltige Ausmaße erreicht und beginnt euch zu durchfluten. Alles nach Meinen Gesetzen – denn alles ist Mein!

Was habt ihr nicht alles versucht, um die Zeiten besser werden zu lassen! Lebendige Strukturen sollten entstehen, die mit euren Bedürfnissen wachsen. Kontrollorgane sollten die Einhaltung der vereinbarten Zielsetzungen gewährleisten. „Sozial" wolltet ihr handeln und denken.

Ich übe keine Kritik an den herrschenden Zuständen, denn ihr habt euer Bestes versucht. Manche mehr, andere dafür wieder weniger.

Und genau das ist der Punkt: Daß eure irdischen Sichtweisen generell begrenzt sind, wäre kein Beinbruch. Grenzen lassen sich bekanntlich verschieben.

Daß aber ein Teil der Menschheit grundsätzlich davon ausgeht, daß die „Dummen" sich an Regeln halten, damit sie selbst sie brechen oder sich deren Nutzen zu eigen machen können, bringt euch in schöner Regelmäßigkeit in Sackgassen.

Aus denen versucht ihr euch zu befreien, indem ihr – je nach Mentalität – eine Menge Gesetze zur Korrektur nachschiebt, oder aber mehr oder minder ganz auf die Einhaltung der Regeln verzichtet, da sie ohnehin zwecklos erscheinen. Eine Kette ist bekanntlich nur so stark wie ihr schwächstes Glied. So weit zu eurer Lage.

Ich habe eine andere Gemeinschaft für euch vor Augen und sehe sie lieber heute als morgen entstehen:

Gesetze sind für euch immer nur mutwillig aufgebaute Gerüste, die man – wie soeben geschildert – leicht zum Einsturz bringen kann.

Eure Gesetze sind ein Korsett für die Schwachen. Eine äußere, gewissermaßen aufgezwungene Stütze, die mehr oder weniger gut trägt. Werden dagegen *Meine* Gesetze von euch durch die Kraft der Liebe verinnerlicht, wandeln sie sich um in ein inneres Bedürfnis.

Skelett statt Korsett! Ein großartiger Fortschritt in eurer Entwicklung!

Wodurch unterscheiden sich nun Meine Gesetze von den euren?

Nun, zunächst durch ihre Haltbarkeit, danach durch ihr Spektrum und zuletzt durch ihre Absicht; denn durch *Weisheit und Liebe führen sie euch zum Ziel!*

Aus der *Liebe* heraus zu handeln ist eure Entscheidung. Die *Weisheit* mache Ich euch zum Geschenk. Jene Zeit wird kommen, da euer liebevolles Füreinander und Miteinander die Grenzen aller von Menschen erdachten Strukturen sprengen wird; und das Streben nach Einheit mit Mir, eurem Schöpfer, euch zu größter Einsicht und Entwicklung führt.

In Freiheit einander liebevoll dienen – ein Stück Himmel auf Erden. Es sei – es werde.

59. Die innere Wandlung

Wäre es nicht ohnehin Mein Wille, so würde Ich euch dringend dazu raten: Die leisen Töne in euch laut zu stellen!

Es gibt viele Formen des Hörens: hinhören – aufhören – weghören – anhören – verhören – abhören, nur um einen Teil zu nennen. Die Grundvoraussetzung für diese Tätigkeit bleibt aber immer das *Hören*.

Es ist vor allem die Grundlage für die Kommunikation zwischen Gott und Mensch. Bei manchen Meiner Geschöpfe ist es nur ein Grundrauschen, zugegeben. Für viele unter euch ist Hören jedoch der Schlüssel zu einer neuen, liebevollen Verbindung mit Mir!

Ihr klagt oft, daß euer Gebet eine Einbahnstraße darstellt.

Kunststück, sage Ich: Ein Radiosender kann nicht empfangen werden, wenn das Radiogerät selbst nicht eingeschaltet ist. Mit anderen Worten: Ich sende fortwährend – aber ihr habt den Einschaltknopf nicht gedrückt.

Zu einfach, Mein Beispiel? Mitnichten. Denn das Übel beim nicht Hören liegt ausschließlich beim nicht Hören wollen!

Ich gebe euch ein Gleichnis:

„In einer Familie leben viele Kinder. Ihr Leben verläuft planmäßig gemäß eigenem Muster. Sie wohnen in großer

Freude zusammen und stehen im Einklang mit der liebevollen Ordnung im Haus. Bis eines Tages der Wunsch in ihnen erwacht, fortzugehen, um eigene Häuser zu bauen.

Sie bleiben zunächst in Ruf- und Hörweite, und ihr Denken und Handeln bleibt einsichtsvoll.

Mit der Zeit jedoch entfernen sich die Kinder immer weiter vom Vaterhaus, und die Stimme des Vaters wird immer leiser in ihren Sinnen. Bis eines Tages die Kommunikation abbricht.

Wohl ruft sie der Vater eindringlich und erinnert seine Kinder an ihren Ursprung. Aber diese sind zu sehr beschäftigt.

Der Lärm, der beim Bau ihrer eigenen Konstruktionen entsteht, übertönt die Stimme des Vaters.

Ihre Baustellen werden laufend größer und gewaltiger, und manchen der Bauherrn überkommt die Sehnsucht nach der Stille des Vaterhauses. Jene beschließen, alles Materielle zu verlassen und zurückzukehren in die Arme des Vaters.

Unter den neu gezeugten Kindern der „Auswanderer" jedoch steigt die Lust auf eigene materielle Schöpfungen ins Unendliche.

Machtkämpfe, Neid und Mißgunst verfinstern die Gemeinschaft. Im Getöse ihrer hektischen Aktivitäten – es haben Wettläufe aller Art begonnen – sind sie weiter denn je davon entfernt, die Stimme in ihrem Herzen wieder zu hören.

Sie haben alles feinsinnige Wissen aus dem einstigen Vaterhaus längst verloren. Die Gesetze des Grobmateriellen sind nun ihre eigenen geworden. Das begrenzte Wissen darüber in ihren Köpfen hat alles Erkennen verdrängt, das ihre Vorfahren einst in sich trugen".

Was ist zu tun?

Haltet bewußt inne, sucht immer wieder die Stille, atmet tief und richtet vertrauensvoll euren Blick auf *Mich*. Nur in der Stille liegt die Möglichkeit, Meine Worte wieder zu hören.

Bedenkt: Ich sende unaufhörlich. Ich habe niemals damit aufgehört! Seid ihr dazu bereit, verfeinern sich eure Sinne, werden durchlässig und ihr hört wieder die Stimme eures himmlischen Vaters.

Ich gebe euch darauf Mein Wort: Mit Meinen hörbaren Ratschlägen findet ihr wieder euren Weg zurück nach Hause!

60. Vater, Sohn und Geist

„Dieser ist Mein geliebter Sohn, an dem Ich Mein Wohlgefallen habe":

Ja, Ich habe Zeugnis gegeben unter den Menschen – für den *Vater*!

Ich habe euch als *Sohn* Gottes die Teilhaberschaft gezeigt. Sie besteht darin, mit geöffneten Sinnen die Herrlichkeit Gottes, des Vaters, sichtbar werden zu lassen.

Als *Kinder* Gottes, die ihr in Ewigkeit seid, habt ihr Anteil an der unermeßlichen Schöpferkraft eures Herrn.

„Niemand kommt zum Vater denn durch Mich":

Als Jesus, der Christus, habe Ich unter euch gelebt; bin irdische Wege gegangen, um euch den Weg zum Vater zu öffnen.

Werdet wie die Kinder, sage Ich euch nun; denn nur im kindlichen Vertrauen liegt der Schlüssel zu jener Schöpferkraft, mit der ihr alle Geschöpfe des Universums zu übertreffen vermögt. Ich spreche von Vollendung.

Der Weg dorthin ist und bleibt Euer Glaube an Gott!

Stellt Mir keine anderen Behauptungen auf; schafft keine weiteren theologischen Spitzfindigkeiten mehr, mit denen ihr euch doch nur immer weiter von Mir entfernt.

Der Vater und der Sohn sind eins, vereint mit der allmächtigen Kraft des Geistes.

Betrachtet die Kerze:

Der Docht nährt die Flamme – die Flamme ist Licht und Wärme, das Wachs der Kerze die sichtbare Umgebung des Dochtes.

Der Geist nährt Weisheit und Liebe – also Sohn und Vater – sichtbar geworden durch die Schöpfung als Träger des göttlichen Lichtes!

Werdet wie die Kinder, sage Ich! Begreift eure Einzigartigkeit durch die Liebe des Vaters und leistet ihm Gesellschaft durch die Weisheit des Sohnes; denn dieser hat euch das Wort gebracht und mit seinen weit ausgebreiteten Armen am Kreuz es zu erkennen ermöglicht.

Noch einmal: Vater und Sohn sind eins – so wie ihr wieder eins werden sollt mit dem Urgrund allen Seins.

Wandelt euch um im Herzen und hört wieder Mein Wort; denn *Ich werde bei euch bleiben alle Tage, bis ihr vor Mir steht!*

61. Das Gesetz der Versorgung

Ihr freut euch über Geschenke. Sie sind nicht selbstverständlich. In einem Geschenk, das von Herzen kommt, ist immer ein Stück Wärme; eben jene, die aus dem Herzen kommt.

Selbst ein in eurer Weise zweckgerichtetes Geschenk besitzt immer noch einen leichten Zauber für euch, wenn auch nicht mehr so deutlich.

Die Liebe unter euch wächst manchmal über ihre Grenzen hinaus. Dann öffnen sich Schleusen in den Himmeln, die sich euch nie mehr verschließen. Denn auch in Mir entsteht dann Freude und Dankbarkeit, weil Meine Geschöpfe sich wieder ihres Ursprungs erinnert haben. Und aus den Schleusen Meiner Liebe strömen unablässig göttliche Gnaden für euch.

Das zeigt immer Wirkung; ähnlich wie der Sauerstoff in eurer Luft: Durch ihn könnt ihr atmen, das heißt eurer Art nach leben.

Wie kann Ich euch nahebringen, daß Mich jeder Akt der Nächstenliebe – ihr würdet sagen – „zwingt", euch dafür in Meiner Weise zu dienen? Das ist wie euer Weihnachtsfest: Geschenke fließen aus empfundener Liebe heraus.

Ich kenne keine Begrenzungen. Für Mich ist immer „Weihnachten". Werde Ich eurer nur ansichtig, dann fließen Meine Geschenke an euch.

Jeder, der zu Mir kommt und sagt: „Abba – Vater", für den räume Ich Meine Vorratskammern leer. Ich blicke in eure

Augen und versuche, eure geheimsten Wünsche zu ergründen. Und Meine Versorgung für dieses geliebte Wesen läuft auf Hochtouren …

Akte der Liebe schaffen auch unter euch Menschen nachhaltige Bindungen. Wieviel mehr erst zwischen Gott und Mensch. Tiefe Wurzeln schlagt ihr dann in Meinem Herzen und kein Sturm der Welt vermag euch dann noch herauszureißen. Dann mag in eurer Weise geschehen, was will: Euch nährt die reinste, ewige Quelle des Lebens.

Das ist zunächst ein tiefgreifend geistiger Vorgang; danach aber entwickeln sich daraus Stabilität und Hilfe für eure äußeren Belange!

Habt Vertrauen in diese Aussage; ja, blindes Vertrauen möchte Ich euch ans Herz legen. Denn je mehr innere Übereinstimmung mit Mir, eurem himmlischen Vater, desto mehr reichhaltige Ergebnisse werdet ihr in der Folge erkennen.

Ich bin beileibe nicht nur an eurer geistigen Entwicklung interessiert. Alles, was euch not tut, was ihr braucht und was euch zu eurer Freude dient, mache Ich euch dann zum Geschenk.

Mit der Hinwendung an Mich, ordnet ihr nicht nur eure feinstoffliche Existenz, sondern *genauso auch* euer äußeres Leben. Das Gesetz Meiner Versorgung wird dann lebendig wirksam!

Haltet immer wieder einen Augenblick für Mich inne. Verbindet eure Gedanken mit Mir, und um das Weitere macht euch keine Sorgen. Denn Ich wirke wie ein großer Magnet und nehme euch die Arbeit durch die Anziehung ab!

62. Das Brot nährt die Armen

Unbestritten – solange es den Armen auch zur Verfügung steht! Das Fleisch aber wandert allezeit in die Töpfe der Reichen.

Ein unumstößliches Gesetz? Ganz sicher nicht! Diese Gegebenheiten haben ausschließlich mit eurem Verteilersystem zu tun.

Es sind eben nicht alle Menschen gleich in euren Augen; denn zum Verteilersystem gehört parallel das Wertesystem. Die Grundlage zur Bewertung liegt – natürlich, möchte Ich fast sagen – wieder einmal in der Materie.

Was schafft denn Ansehen in eurer Gesellschaft?

Die Stellung, die ihr darin einnehmt – also Macht und Einfluß – und die sich meist daraus ergebenden materiellen Güter, die ihr untereinander nur zu gern sichtbar macht. Damit haben wir eure „Spitzen der Gesellschaft" ermittelt.

Diesen folgt die breite Schicht der Ameisen. Sie schaffen unermüdlich, nicht wenige von ihnen in der Hoffnung, selbst irgendwann einem Ameisenhaufen vorzustehen. Sie haben ihr Auskommen und die Spitze des Ameisenberges vor Augen.

Danach kommen jene, die durch euer Raster fallen: Die Armen und Rechtlosen. Davon gibt es viele. Sie dürfen in eurem System ihr Leben fristen; manchmal reicht es nicht einmal dazu. Brot und Menschenwürde sind reinster Luxus für sie.

Beruhigt es euch, wenn Ich sage: Armut vermag eine Seele zu läutern? Reicht das, um für euren guten Schlaf zu sorgen? In eurer Weise vielleicht. Aber Ich muß euch enttäuschen:

Natürlich birgt jedes Menschenschicksal ein geistiges Konzept; es verfolgt sozusagen immer ein Ziel. Aber der Weg dorthin ist eure Sache! Je mehr Möglichkeiten euch zum Helfen gegeben sind, um so mehr Verpflichtung entsteht daraus, dies auch zu tun!

Ihr meint, eure Einbindung in das bestehende System läßt euch keinen Raum mehr für Veränderung? Ihr täuscht euch gewaltig: Kollektives Umdenken schafft eine Kraft, die alle Widersacher zum Rückzug zwingt!

Ihr erinnert euch noch an die große Mauer, die jahrzehntelang die Stadt Berlin und das dazugehörige Land in zwei Teile trennte.

Eine Mauer aus Stein, aber mehr noch eine Mauer der Gedanken: Als die Menschen Mut und Entschlossenheit zur Veränderung zeigten, brach sie in viele Stücke.

Die Rolle der Mächtigen, die in ihrer Weise beteiligt waren, hatte ihre eigene Qualität. Eure Geschichte wird dies zeigen!

Lebt euren Traum von Freiheit, Gleichheit und Brüderlichkeit. Aber keine Gewalt der Welt wird dies zuwegebringen, sondern ausschließlich die Liebe in euren Herzen.

Denkt anders, fühlt anders, entscheidet euch mutig für Veränderung. Ihr habt *Mich* an eurer Seite, denn Ich möchte alle Meine Menschenkinder einladen und zu Tisch bitten können!

63. Ein gewagtes Spiel

Drunter und drüber geht es manchmal in eurem Denken. Und stehen Entscheidungen an, ist folgender Ablauf sehr beliebt:

Die *Suche nach Fakten:*
Objektive Entscheidungsgrundlagen, nennt ihr sie. Wie immer sie zustandekommen, welche „Bewertungskriterien" ihrer Ermittlung auch zugrundeliegen (man denke nur, wie herrlich wandelbar eure Statistiken sein können...), ihr setzt euer tiefes Vertrauen in sie.
Eine beliebte Variante hierbei ist auch die Formulierung einer Zielsetzung mit anschließender Konstruktion der passend gemachten Fakten.
Bei dieser Spielart gibt es die meisten Geschädigten. Man denke nur an euer Börsengeschehen!

Dann die *Gewöhnung an Fakten:*
Was nicht von sich aus überzeugt, wird mittels Gewöhnung, d.h. Wiederholung von Worten und Bildern, in euer Denken „versenkt". Früher oder später seid ihr dann ebenfalls „reif" für Entscheidungen oder die Zustimmung hierfür.

Sehr wirkungsvoll ist auch das *Weglassen von Fakten.* Eine einfache Form, ganze Völker in den Krieg zu führen!

Das *Verändern von Fakten* eine andere Möglichkeit. Eher eine primitive Form, da bei genauer Prüfung leicht erkennbar. Aber auch diese Methode findet zur Genüge ihre Anhänger.

Auch das *Hinzufügen von Fakten* sei hier noch erwähnt. Betrachtet nur einmal eure Werbeprospekte: Illusionen ohne Ende (baumfreie Senioren"parks", die Wäsche weißer als weiß, Zigarettenrauch als „Geruch der Freiheit" etc.).

Mag ja sein, daß sich mancher von euch in diesem Durcheinander fortgesetzter Manipulationen wohlfühlt. Ich meine aber, es ist ein gewagtes Spiel. Denn es nimmt euch die freie Sicht der Dinge!

Welcher Kapitän manövriert gern sein Schiff bei dichtem Nebel im engen Hafen? Klugerweise wird er versuchen, schnellstmöglich und sicher vor Anker zu gehen, um auf klare Sicht zu warten.

Tut das. Bittet Mich wieder um klares Erkennen; hört in Demut Meine Gedanken und bewahrt euch damit das hohe Gut eurer Freiheit im Geiste!

64. Wetterleuchten

Radikale Änderungen wünscht du dir manchmal. Große Felsen möchtest du jenen in den Weg legen, die mit ihren Vorhaben den Bedürfnissen der Menschen und der Gesellschaft entgegenwirken.

Das denkst du dir so. Was wäre damit gewonnen? Stopfst du ein Maulwurfsloch zu, lugt das Tierchen kurze Zeit später an anderer Stelle aus einem Erdhügel. So geht's also nicht.

Ich brauche dir auch nicht zu erklären, wie wenig der willkürliche Eingriff mit dem freien Willen des Menschen zu tun hat.

Ich gebe dir folgendes Bild:

„Ein wohlhabender Mann beschließt die Gründung eines Unternehmens. Er braucht dazu Kapital, eine Geschäftsidee, Räume, Ausstattung und Menschen, die für ihn arbeiten.

Die Firma entsteht also. Er gewinnt auch jene Mitarbeiter, die für die Entstehung und für den Verkauf seines Produktes sorgen. Sie tun dies auch engagiert und hoffen auf den Erfolg.

Es dauert auch nicht lange, und es wächst der Umsatz. Die Verkaufszahlen steigen und die Firmenmitarbeiter erwarten zu recht eine Erfolgsbeteiligung.

Wieder vergeht nur kurze Zeit und sie erkennen, daß keinerlei Gewinnausschüttung kommen wird, weil eine solche überhaupt nicht geplant ist!

Mit Hinweisen auf erforderliche Reinvestitionen – also Rückfluß der Gewinne in das Unternehmen – werden die Mitarbeiter auf das kommende Jahr vertröstet.

Für ihren unternehmerischen Weitblick belohnt sich die Führungsriege mit großzügig nach oben korrigiertem Jahreseinkommen.

So geschieht es Jahr für Jahr.

Aus Sorge um ihre Arbeitsplätze harren die Menschen aus; fühlen Unmut und Zorn.

Bis sich eines Tages die Firmenleitung besorgt über die ständig steigenden Kosten äußert, die man nun nicht mehr länger auffangen könne. Der erstaunten Belegschaft werden Entlassungen angekündigt und diese auch durchgeführt. Verwirrt und eingeschüchtert geht der verbliebene Rest wieder an seine Arbeit.

Schließlich kommt die Meldung, daß der Betrieb zu seinem Erhalt geschlossen und andernorts mittels Billiglöhnen mit erheblich geringeren Betriebskosten weitergeführt wird.

Stillegung, vielfache Arbeitslosigkeit und an einem neuen Standort noch fester angezogene Daumenschrauben für's Personal!"

Leider kein Einzelbeispiel, sondern vielgeübte Praxis in euren Ländern.

Und wieder sage Ich:

Bei diesem Konzept handelt es sich um eine Pyramide: Ein breiter Sockel trägt die Spitze! Was allen zugedacht ist, konzentriert sich gewinnbringend auf wenige.

Mein Unmut entlädt sich über jenen, die in geistiger Nacht „Raubbau" treiben an Meinen Geschöpfen. Wer mutwillig Spannung erzeugt, muß auch mit ihrer Entladung rechnen.

Und es ist leicht zu ermitteln, an welcher Stelle der Pyramide der Blitz einschlagen wird!

65. „Das Schreiben fällt mir schwer"

... sagst du, wenn du die Vielfalt der Zusammenhänge erkennst.

Du reifst dabei, Mein Kind, denn keine Einsicht ist umsonst. Manchmal trügt der Schein und ihr meint, die Dinge leicht in eure „Schubladen" verstauen zu können. Das mag praktisch sein und bequem. Ist aber nicht in Meinem Sinne.

Es geht nun schon eine Weile so mit der Menschheit: Immer wieder sende Ich euch Vertreter Meines Willens, ausgestattet mit göttlicher Denkweisen. Ihr Weitblick, ihre Kreativität und Einsichten von besonderer Art geben eurer menschlichen Gemeinschaft neue Impulse.

Eure Erfindungen beispielsweise können immer zum Nutzen oder auch zum Schaden für Mensch und Natur eingesetzt werden. Die Resultate daraus sind in jedem Fall ein Stück Erkenntnisfähigkeit, die Gewinn bringt für eure Fortentwicklung.

„An ihren Früchten werdet ihr sie erkennen", habe Ich euch einmal gesagt. Und daran hat sich nichts geändert. Denn der Reifegrad eines Menschen bemißt sich an seinen Früchten, die er in die Gemeinschaft einbringt.

Wertet nicht, sage Ich einmal mehr. Das „große Buch der Menschheit" ist voller Vertreter, die zunächst mit hoher Energie schwerstverdauliche Tatsachen schufen, um im

Laufe vieler Existenzen dazuzulernen und am Ende die reinsten göttlichen Denkweisen unter euch zu leben und zur Wirkung zu bringen. Die Gesetze der Polarität und der freie Wille des Menschen ermöglichen dies.

Gerade diese Zeit ist eine noch nie da gewesene: Die Verdichtung Meiner göttlichen Energien wird so hoch, daß ein Fortwirken der Menschheit in hergebrachter Weise und mit alten Denkmustern unmöglich sein wird.

Alle Bahnen menschlicher Energien werden unterbrochen und in anderen Dimensionen angesiedelt. Ein Beispiel zum besseren Verständnis:

Bilden bisher eure Lebenslinien ein Kontinuum zwischen Geburt und Tod, so wird künftig jederzeit ein Wechsel eurer Fähigkeiten und eurer Ausstattung möglich sein.
Aber nicht in der euch bekannten Form der jetzigen Lebensbedingungen, sondern auf Ebenen mit höher schwingender Energie.
Viele öffnen zum Beispiel ihr „inneres Ohr" oder das „innere Auge" und kommunizieren mit feinstofflichen Welten, die mit eurer augenblicklichen Ausstattung und in der gegenwärtigen Dimension eures Seins nicht wahrnehmbar sind.

Ich rufe euch auf, Andersartigkeit, also von euren bekannten und gewohnten Tatsachen abweichende Erscheinungsformen wahrzunehmen, sie zu akzeptieren und den Umgang damit zu lernen.

Derzeit werden viele Seelen eingekörpert, deren biologische und geistige Ausstattung durchaus unterschiedlich ist zu der euch bekannten. Diese Menschenkinder werden euch sehr bald in neue Erkenntnisse führen.

Gleichzeitig „erwecke" Ich schon jetzt Söhne und Töchter, die euch den Übergang erleichtern und vorbereiten sollen.

Vergeßt alle Begrenzung und wandert mit Mir an die Eingangspforten des Kosmos!

66. Ich bringe euch ans Ziel!

Wir nähern uns dem Ende dieses Buches. Ich weiß, es gibt noch viel zu sagen. Zu einem späteren Zeitpunkt werde Ich erneut Meine Worte in dieser Weise an euch richten.

Mächtige Schleusen göttlicher Gnaden haben sich für euch geöffnet und Ich hauche Meiner Schöpfung neues Leben ein.

Meine Wege zu euch sind geebnet und eure Zukunft hat begonnen!

Es steht einer jeden Menschenseele frei, ihre Augen auf Mich zu richten oder aber den Weg ihrer Erlösung noch einmal zu verzögern. Ich mache keine Unterschiede, denn Ich liebe euch alle.

Ihr aber, die ihr beschlossen habt, wieder in Meine Arme zu wandern, seid gesegnet aus der Tiefe Meiner Empfindungen für euch.

Das Band der Liebe zwischen Gott und Mensch bleibt von nun an untrennbar! Ruhe und Gelassenheit werden die Ursache sein für den göttlichen Frieden in euch. Meine Gedanken vermischen sich fortwährend mit den euren und eure Grenzen verschieben sich; ja, sie lösen sich immer mehr auf.

Licht aus den Himmeln durchflutet euch, erwärmt eure Gedanken und führt euch zur Liebe in Meiner Weise: hingebungsvoll und grenzenlos!

Der Geistfunke in euch wächst. Er erhält beständig Nahrung durch unser liebevolles Übereinkommen, und euer Anteil an dem, was Mein ist, wird zunehmend größer und auch sichtbar in eurer Weise.

Seht auf Meine weit ausgebreiteten Arme – Meine geliebten Kinder – Ich warte sehnsuchtsvoll darauf, euch wieder an Mein Herz zu nehmen.

Bleibt nicht mehr fern, sondern geht mutig und entschlossen zurück in euer Vaterhaus!

Aus der tiefen Unendlichkeit des Alls strömen nun alle friedliebenden Geschöpfe zu euch; verbinden sich mit der mächtigen Energie eurer Bereitschaft zum Wandel, und Mein väterlicher Segen besiegelt euer Fortkommen in Weisheit und Liebe für alle Zeiten.

Werdet Mein in Ewigkeit!